FRIEDENSPREIS
DES DEUTSCHEN BUCHHANDELS 1996

Friedenspreis des Deutschen Buchhandels 1996

Mario Vargas Llosa

Ansprachen aus Anlaß der Verleihung

Die Reden, die aus Anlaß der Verleihung des Friedenspreises des Deutschen Buchhandels an Mario Vargas Llosa in der Paulskirche zu Frankfurt am Main gehalten wurden, wurden zuerst im »Börsenblatt für den Deutschen Buchhandel«, Frankfurt am Main und Leipzig, vom 8. Oktober 1996 (Heft 81) veröffentlicht.

Dieser Text folgt dem gesprochenen Wort.

Photo: Ekko von Schwichow
Gestaltung: Wolfgang Sprang, Frankfurt am Main
Herstellung: Hans Kühnel
Satz und Druck: Main-Echo Kirsch GmbH & Co.,
Aschaffenburg
Printed in Germany
ISBN 3-7657-1963-3

URKUNDE

Den Friedenspreis des Deutschen Buchhandels
verleiht der Börsenverein 1996

Mario Vargas Llosa

Er hat Gleichheit und Gerechtigkeit als Bedingung
des Friedens in das Zentrum seines erzählerischen
und essayistischen Schaffens gestellt. Sein Lebenswerk
ist das Plädoyer für eine »Kultur der Freiheit«
und für »wahre Gerechtigkeit« als unerläßliche Grundlage
für das Leben des Individuums wie der Gesellschaft.

Mit seinen Essays hat er in die Konflikte unserer Zeit
eingegriffen. Vargas Llosa ist ein Mann ungewöhnlicher
Zivilcourage, der für seine Überzeugung kämpft,
daß Politik von Moral nicht getrennt werden darf.
Für ihn ist Frieden nicht allein eine Sache guten Willens,
sondern erkennbarer und benennbarer Bedingungen. Dafür
tritt der Weltbürger Mario Vargas Llosa streitbar ein.

BÖRSENVEREIN DES DEUTSCHEN BUCHHANDELS

Vorsteher
Gerhard Kurtze

Frankfurt am Main
in der Paulskirche am 6. Oktober 1996

Gerhard Kurtze

Vorsteher des Börsenvereins des Deutschen Buchhandels

Begrüßung

Der Friede ist unteilbar, aber er hat viele Aspekte. Im Statut des Friedenspreises heißt es: »Die Stiftung dient dem Frieden, der Menschlichkeit und der Verständigung der Völker. Dies geschieht durch die Verleihung des Friedenspreises an eine Persönlichkeit, die in hervorragendem Maße vornehmlich durch ihre Tätigkeit auf den Gebieten der Literatur, Wissenschaft und Kunst zur Verwirklichung des Friedensgedankens beigetragen hat.«

Was haben Literatur und Buchhandel mit dem Frieden zu tun?

Voraussetzung für Frieden ist zunächst, ganz schlicht, das Kenntnisnehmen vom Anderen; von anderen Kulturen, Denkweisen, Meinungen. Niemals zuvor sind wir mit Informationen und Bildern aus aller Welt so überschüttet worden wie heute. Doch lassen wir uns nicht zu oft betäuben, beeinflussen durch eine vorgegebene Omnipräsenz und Objektivität der uns übermittelten Versionen?

Die Literatur gibt uns die Chance, die Stimme der anderen direkt zu vernehmen – unmodelliert, unmoderiert und ebenbürtig. Wir können Kenntnis nehmen, uns auseinandersetzen,

Vorurteile revidieren, andere Sehweisen begreifen. Aber: Wir müssen die Zumutung annehmen und uns einlassen auf die Argumente. Bücher sind tödlich für Vorurteile.

Sie, Mario Vargas Llosa, machen es vielen Intellektuellen auch in Deutschland nicht leicht. Sie entsprechen nicht dem Rollenbild, das den Schriftstellern aus Lateinamerika zugedacht zu sein scheint. Sie sind liberaler Weltbürger, leben in Europa – und sehen das nicht als Exil. Vor dreißig Jahren haben Sie in Ihrem Essay über den peruanischen Autor Sebastián Salazar Bondy geschrieben: »Er verstand es, sich politisch zu engagieren und gleichzeitig seine Unabhängigkeit, seine schöpferische Spontaneität zu bewahren, weil er wußte, daß er als Bürger seine Handlungen rational entscheiden, berechnen, planen kann, während er als Schriftsteller den oft unbegreiflichen Befehlen, den mit unkalkulierbaren Konsequenzen verbundenen Launen und Obsessionen der Literatur folgen muß, der er freiwillig die Herrschaft über sein Leben eingeräumt hatte. Er verteidigte seine Bestimmung ebenso gegen Ungerechtigkeit und spießige Engstirnigkeit wie gegen die Versuchungen des Idealismus und des sozialen Eifers.«

Eine bessere Beschreibung des Autors und Bürgers Mario Vargas Llosa kann man schwerlich geben. So exzessiv und dramatisch Ihre literarischen Werke sind, so besonnen und »bürgerlich« sind Sie in Ihrer politischen Argumentation.

Über das Mißverstehen der lateinamerikanischen Politik durch europäische und nordamerikanische Liberale haben Sie einmal geschrieben: »Manchmal denke ich, Lateinamerika stellt für sie in der Politik so etwas dar wie eine plebejische Geliebte, bei der sie es wagen, sich zügellos all jenen Exzessen und geheimen Phantasien hinzugeben, die sie in der von Besonnenheit und Rationalität getragenen Beziehung mit ihren Ehefrauen (ihren Herkunftsländern) wohlweislich unterdrücken.« Und Sie halten dagegen: »Aber ich habe gelernt, daß in der Politik die kluge Lösung der mittelmäßige Realismus ist (die Suche nach dem Konsensus, dem geringeren Übel, der schrittweisen Entwicklung, der Koexistenz und dem Dialog); die Alternative hat immer Verbrechen und Mißbräuche zur Folge, die ebenso gravierend sind wie jene, die es zu beseitigen gilt.«

Die bosnische Tragödie – Sie selbst sind nach Sarajewo gefahren, lange vor den meisten Politikern, Staatsmännern und selbsternannten Fachleuten aus aller Welt – die bosnische Tragödie hat uns gelehrt, daß der primitive Nationalismus in Europa noch nicht überwunden ist. Noch viel weniger überwunden ist der Eurozentrismus, der die Welt aus dem verengten Blickwinkel unserer Tradition und unserer kulturellen Klischees beurteilt.

Mario Vargas Llosa hat mit seinen Romanen und seinen Essays unseren Horizont geweitet. Er hat sich nicht nur mutig und streitbar in die Politik eingeschaltet, sondern er hat uns in seinem literarischen Werk einen Zugang zu seinem Heimatland, zu Peru und zu Lateinamerika erschlossen. Die Weltliteratur und wir Leser haben ein neues »Nachbarland«.

Lassen Sie mich schließen mit dem Friedensgedanken, mit dem ich begonnen habe: Alle wollen Frieden, und alle sprechen vom Frieden, doch viele vergessen, daß man den Frieden lernen und praktizieren muß. Wir ehren heute einen Mann, der sich ehrlich, mutig, streitbar dieser Aufgabe gestellt hat – Mario Vargas Llosa.

Petra Roth

Oberbürgermeisterin der Stadt Frankfurt am Main

Begrüßung

Auch in diesem Jahr ist es mir eine besondere Freude, Sie zur Überreichung des Friedenspreises des Deutschen Buchhandels im Namen des Magistrats der Stadt Frankfurt am Main in der Paulskirche begrüßen zu können. Ganz herzlich begrüße ich den diesjährigen Preisträger, Mario Vargas Llosa, und seinen Laudator, Jorge Semprún, der den Friedenspreis vor zwei Jahren an diesem Ort entgegengenommen hat.

Mit Mario Vargas Llosa wird in diesem Jahr einer der überragenden Vertreter der spanisch-lateinamerikanischen Literatur mit dem Friedenspreis des Deutschen Buchhandels ausgezeichnet. Seine dreizehn Romane und Erzählungen sind Weltliteratur. Zusammen ergeben diese Werke, wie der deutsche Verleger von Mario Vargas Llosa, Siegfried Unseld, in einer Rede sagte, »so etwas wie eine Comédie humaine«. Als Comédie humaine beschränken sie sich nicht auf eine Lebensrealität, etwa die lateinamerikanische, sondern sie verraten viel – so Siegfried Unseld – über »die menschliche Existenz in ihren wesentlichen Erfahrungen, in ihrer Wirklichkeit und in ihren Mythen«.

Wir lesen Weltliteratur eines Weltbürgers, der mit Geschichte, Kunst und Philosophie des Okzidents tief vertraut ist, der in vielen Ländern gelebt und gearbeitet hat und für den die Literatur offensichtlich etwas Existentielles ist. In zahlreichen Aufsätzen und Reden hat sich Mario Vargas Llosa Gedanken über die Funktion des Geschichtenerzählens gemacht; darüber, was es ermöglicht, warum wir ohne es nicht auskommen können.

Literatur ist eben mehr als bloßer Zeitvertreib, sie ist, so Vargas Llosa schon vor vielen Jahren, etwas »Elementares, von dem die Existenz eines Volkes abhängt«. Verpflichtet, gar untertan ist die Literatur niemandem, dann verfehlte sie sich gänzlich. Der Schriftsteller, bemerkt der einunddreißigjährige Vargas Llosa schon 1967 anläßlich der Verleihung des Rómulo-Gallegos-Preises in Caracas, der Schriftsteller ist ein Spielverderber, einer, der nicht mitmacht, der gelegentlich bewußt das Abseits wählt: als Störenfried, als Advocatus diaboli seiner Gesellschaft.

Mario Vargas Llosa entspricht denn auch in seinen Büchern dieser Charakterisierung, ohne jegliche Beschönigung führt er den Menschen ihre Misere und Qualen vor Augen. Literatur ist Feuer, sagte er bereits 1967. Harmoniebedürfnisse eignen sich nicht für das Geschichtenerzählen, das aus Unzufriedenheit entsteht, ich zitiere: »Der Schriftsteller war, ist und bleibt ein Unzufriedener. Niemand, der zufrieden ist, ist fähig zu schreiben, niemand, der mit der Wirklichkeit einverstanden, mit ihr versöhnt ist, würde sich zu der ehrgeizigen Ungereimtheit versteigen, sprachliche Wirklichkeiten zu erfinden.«

Auf Übereinstimmung kommt es nicht an, sondern auf Unabhängigkeit. In der Diskussion mit bedeutenden europäischen Kollegen hat Mario Vargas Llosa die Entscheidung zwischen »Dissident und Höfling« gefordert.

Dieser Autor von Weltliteratur ist allerdings mitnichten weltfremd. Mario Vargas Llosa unterscheidet strikt zwischen Literatur und Politik. Der Weltbürger ist nicht nur eine Person des öffentlichen Lebens, er bekennt sich als Intellektueller zu gesellschaftlicher Verantwortung. Darum schlüpfte er Ende der achtziger Jahre konsequent in die Rolle des Politikers, 1990 trat er als

Präsidentschaftskandidat bei den Wahlen in Peru an. Was für eine Entscheidung. Politik treiben in einem armen, von Terrorismus heimgesuchten Land, ein Kampf auch gegen eine jährliche Inflationsrate von 6 000 Prozent. Ein Aufbegehren gegen die Resignation, gegen die grassierende Verzweiflung der Bevölkerung.

Der Politiker Mario Vargas Llosa wollte Lügengewebe zerreißen, darum war seine Wahlniederlage kein Scheitern. Er verwandelte sich umgehend wieder in den Schriftsteller, der sich dem Absoluten, dem Utopischen überlassen darf, ja soll. Nicht so der Politiker; Vargas Llosa plädiert entschieden für Nüchternheit und Realismus: »In der Politik«, notiert er, »müssen Utopien bekämpft werden. Dort sind sie mörderisch ...« Wer sie in der Politik suche, dem sei bald jedes Mittel recht, wähne er sich doch immer gegenüber allen anderen im Recht, was alles rechtfertige.

Mario Vargas Llosa hat mit der ihm eigenen Sprachgewalt gegen Armut, Ungerechtigkeit, himmelschreiendes Elend geschrieben, und er hat keinen Zweifel an seinem Abscheu vor dem Terrorismus erlaubt. Selbst mögliche richtige Prämissen legitimieren nicht die verheerenden Schlußfolgerungen des Terrorismus. Mario Vargas Llosa, der radikale Schriftsteller, erweist sich als uneingeschränkter Liberaler, als vehementer Verteidiger des demokratischen Rechtsstaats. 1980 sagt er in Lima: »Die demokratische Regierung hat die Verpflichtung, sich entschlossen und selbstbewußt zu verteidigen, in der Gewißheit, daß sie, indem sie sich selbst verteidigt, die ganze Gesellschaft gegen ein Unheil verteidigt, das größer ist als alle, unter denen sie leidet. Gleichzeitig darf sie aber nicht einen Augenblick vergessen, daß ihre ganze Kraft von ihrer Legitimität abhängt, daß sie in keinem Fall über das hinausgehen darf, was die Gesetze und jene ›Formen‹ – die ebenfalls das Wesen der Demokratie ausmachen – ihr gestatten.«

Die Kraft der Unterscheidung ist eine der vielen Eigenschaften dieses Weltbürgers. Den Friedenspreis des Deutschen

Buchhandels 1996 erhält ein großer Schriftsteller und Intellektueller unseres ausgehenden 20. Jahrhunderts.

Verehrter Mario Vargas Llosa, zu dieser Auszeichnung gratuliere ich Ihnen von ganzem Herzen, für Ihre weitere Arbeit wünschen wir Ihnen viel Erfolg. Ihre Bücher werden uns ergreifen, faszinieren und zum Weiterdenken inspirieren. Ich danke Ihnen.

Jorge Semprún

Laudatio

Das Feuer der Literatur

Als ich in diesem Sommer die Romane und das essayistische Werk von Mario Vargas Llosa wieder las, um diese Laudatio vorzubereiten, dachte ich, daß es vielleicht das beste und sinnvollste wäre, mich auf eine Rolle als Amtsschreiber, als bloßer Umschreiber zu beschränken. Wenn ich also lediglich eine Reihe von Zitaten aus seinen Texten aneinanderreihen und gliedern und mich mit einem kurzen philologischen Kommentar begnügen würde, dann käme die Kohärenz seiner fundamentalen Optionen deutlich zum Vorschein, der rote Faden einer moralischen und intellektuellen Kontinuität, unter- oder oberhalb der unvermeidlichen Wechselfälle eines Lebens, das sich für das Abenteuer dieses ebenso unglückseligen wie glücklichen Jahrhunderts engagiert hat.

Ich könnte beispielsweise damit anfangen, einige Abschnitte aus der vortrefflichen Rede zu zitieren, die Vargas Llosa in Caracas hielt, als er den Rómulo-Gallegos-Preis erhielt. Das war 1967, vor fast dreißig Jahren. Aber das Entscheidende, das er damals und dort sagte, könnte er heute wiederholen.

Sicher wird er – und ich wage durchaus, diese Prognose oder vielleicht Prophezeiung zu machen – uns mit anderen Worten und in einem anderen Kontext hier, wenn er den Friedenspreis des Deutschen Buchhandels erhält, das gleiche sagen wie das, was er vor dreißig Jahren verkündet hat, als er den venezolanischen Rómulo-Gallegos-Preis in Empfang nahm. »Literatur ist Feuer« ... so lautete der Titel der Rede aus Caracas. Das war sein Thema. Und es bleibt auch heute noch sein Thema, dreißig Jahre später.

Vargas Llosa ging von einer kritischen, schonungslosen Analyse der verheerenden Situation des lateinamerikanischen Schriftstellers aus, um diese programmatische Behauptung zu machen. Aber besagte Situation könnte sich ja auch verändern: Sie war ja bereits im Begriff, sich zu verändern.

»Langsam entsteht in unseren Ländern ein günstigeres Klima für die Literatur. Buchclubs und Lesezirkel beginnen sich auszuweiten, und die Bourgeoisie entdeckt, daß Bücher wichtig und Schriftsteller mehr sind als harmlose Narren, daß sie eine Aufgabe zu erfüllen haben unter den Menschen.«

So positiv und willkommen jene Veränderungen auch seien, keineswegs jedoch dürften sie die Schriftsteller zu Träumereien oder Heucheleien verleiten.

»Die gleichen Gesellschaften, die den Schriftsteller ins Exil trieben oder ihm die kalte Schulter zeigten, können jetzt dem Glauben erliegen, es sei angebracht, ihn zu assimilieren, zu integrieren, ihm eine Art offiziellen Status zuzuweisen«, bemerkte Vargas Llosa luzid. »Deshalb muß man unsere Gesellschaften daran erinnern, was sie erwartet. Man muß ihnen bewußtmachen, daß Literatur Feuer ist, daß sie Abweichung und Rebellion bedeutet, daß die ›raison d'être‹ des Schriftstellers der Protest, der Widerspruch, die Kritik ist. Man muß ihnen erklären, daß es keinen Mittelweg gibt; entweder unterdrückt die Gesellschaft für immer diese Fähigkeit des Menschen, Kunst zu schaffen, und beseitigt ein für allemal den Schriftsteller, diesen sozialen Störenfried, oder sie läßt die Literatur gewähren, und in diesem Fall bleibt ihr keine andere Wahl, als einen beständigen Strom von Attacken, Ironie und Satire hinzunehmen, die vom Akzidentiellen zum Wesentlichen, vom Flüchtigen zum Dauerhaften, von der Spitze bis zum Fundament der sozialen Pyramide reichen. So liegen die Dinge, es gibt keinen Ausweg: Der Schriftsteller war, ist und bleibt ein Unzufriedener.«

Vor dreißig Jahren, in Caracas, hat Vargas Llosa diese erste Annäherung an das Thema seines Vortrags mit entschiedenen und eindringlichen Worten beendet, die meiner Meinung nach den Kern seines Denkens, seiner Theorie von Literatur – die zugleich seine Theorie von der Gesellschaft ist – ausmachen.

»Niemand, der zufrieden ist, ist fähig zu schreiben, niemand, der mit der Wirklichkeit einverstanden, mit ihr versöhnt ist, würde sich zu der ehrgeizigen Ungereimtheit versteigen, sprachliche Wirklichkeiten zu erfinden. Die literarische Berufung entsteht aus der fehlenden Übereinstimmung eines Menschen mit der Welt ... Die Literatur ist eine Form permanenter Rebellion und erlaubt keine Zwangsjacken ...«

Die Wahrheit, die in diesen herrlichen Worten zum Ausdruck kommt – jeder ernsthafte Schriftsteller könnte sie über seinem Arbeitstisch aufhängen –, ist keine vorläufige, den Umständen angepaßte Aussage. Sie hat permanente Bedeutung. Dennoch hat Vargas Llosa sie unter ganz konkreten historischen Umständen gesagt, die ich zumindest kurz erläutern sollte.

1967... Unser Held ist soeben dreißig Jahre alt geworden, hat aber schon die Reife seines Talents erreicht, seinen Meistertitel erworben. »Die Anführer«, »Die Stadt und die Hunde«, »Das grüne Haus«: drei Werke, drei Paukenschläge. Die Anerkennung seitens des Publikums und der Kritik aus ganz verschiedenen Ländern, und nicht nur aus denen spanischer Sprache, ist massiv.

Im besagten Jahr 1967 fallen ihm die literarischen Preise geballt zu: der Preis der Kritik in Spanien, der Nationalpreis für Literatur in Peru, der Rómulo Gallegos für den besten Roman Lateinamerikas in Venezuela.

Aber Mario Vargas Llosa überlebt die vielen offiziellen Feierlichkeiten. Er bewahrt seinen kritischen Kopf. »Die amerikanische Wirklichkeit«, sagt er in Caracas, »bietet dem Schriftsteller natürlich ein wahres Füllhorn von Gründen, ein unzufriedener Rebell zu sein. Unsere unruhigen Länder – Gesellschaften, in denen das Unrecht Gesetz ist, Paradiese des Unwissens, der Ausbeutung, der schreienden Ungleichheiten, des Elends, der ökonomischen, kulturellen und moralischen Entfremdung – liefern uns exemplarische Materialien genug, um in Form von Tatsachen, Träumen, Zeugnissen, Allegorien, Alpträumen oder Visionen in unseren Fiktionen mittelbar oder unmittelbar aufzeigen zu können, daß die Wirklichkeit schlecht ist, daß das Leben sich verändern muß« ...

Weil das Engagement von Vargas Llosa mit der gesellschaftlichen Wirklichkeit nicht bloß rhetorischer Art ist, fühlt er – an diesem Punkt seines Plädoyers angelangt – auch die Verpflichtung, aufzuzeigen, welche Art von historischem Wandel er anstrebt. Sein Sinn für Verantwortung führt ihn unmittelbar zu diesem Punkt.

»In zehn, zwanzig oder fünfzig Jahren wird auch in unseren Ländern, wie jetzt in Kuba, die Stunde der sozialen Gerechtigkeit schlagen, wird ganz Lateinamerika sich von der Herrschaft befreit haben, die es ausplündert, von den Kasten, die es ausbeuten, von den Kräften, die es heute schmähen und unterdrücken. Es ist mein Wunsch, daß diese Stunde so bald wie möglich kommt und daß Lateinamerika für alle Zeiten Würde erlangt und in die Modernität eintritt, daß der Sozialismus uns von unserem Anachronismus und unseren Greueln befreit.«

Man bedenke, daß wir uns im August des Jahres 1967 befinden. Auch wenn es nur das Licht eines toten Sterns ist, noch glänzt die mythische Aura der kubanischen Revolution vor den verblendeten Augen der Völker und Intellektuellen Lateinamerikas. In nur wenigen Jahren brechen alle Keime der despotischen Macht, der kulturellen Intoleranz, der totalitären Willkür auf, die im Innern des Castristischen Systems heranreifen, kommen brutal zum Vorschein.

Die Reaktion von Vargas Llosa angesichts dieses Prozesses des Zerfalls der freiheitlichen Werte, die der kubanischen Revolution zugrunde lagen, angesichts der Kristallisierung eines Machtsystems totalitären Zuschnitts, war leicht vorherzusagen. Es genügte, die Rede von Caracas aufmerksam zu lesen. Bereits im nächsten Satz, nachdem Vargas Llosa Kuba als möglichen historischen Weg zu Würde und Modernität erwähnt, präzisiert er: »Wenn die sozialen Ungerechtigkeiten verschwunden sein werden, wird für den Schriftsteller jedoch keinesfalls die Stunde der Zustimmung, der Unterordnung oder der offiziellen Komplizenschaft kommen. Seine Aufgabe wird und muß die gleiche sein; jeder Kompromiß in dieser Hinsicht stellt seitens des Schriftstellers einen Verrat dar ...«

Kann man es klarer, kann man es präziser ausdrücken? Lesen wir noch einige Sätze, falls noch irgendein Zweifel besteht.

»Nicht anders als gestern, nicht anders als heute müssen wir auf dem Weg, den uns unsere Phantasmen und Dämonen weisen, auch in der neuen Gesellschaft nein sagen, rebellieren, fordern, daß unser Recht auf Abweichung akzeptiert wird, müssen wir auf jene lebendige, magische Weise, wie nur die Literatur es vermag, aufzeigen, daß Dogmatik, Zensur und Willkür ebenfalls Todfeinde des Fortschritts und der Menschenwürde sind, müssen wir bekräftigen, daß das Leben weder einfach noch in ein Schema zu pressen ist, daß der Weg der Wahrheit nicht immer eben und gerade, sondern oft krumm und abschüssig ist, müssen wir mit unseren Büchern immer wieder Zeugnis ablegen von der fundamentalen Komplexität und Vielfalt der Welt, von der widersprüchlichen Ambivalenz aller menschlichen Dinge.«

Das bedeutet, daß der – räsonierte und radikale – Bruch Vargas Llosas mit der Revolution Fidel Castros kein Verrat ist, wie der eine oder andere Dummkopf trotz der Evidenz des verheerenden kubanischen Desasters noch immer halblaut sagt. Ganz im Gegenteil handelt es sich um einen Akt der Treue gegenüber den ästhetischen und ethischen Prinzipien, auf denen sein Engagement mit der historischen Wirklichkeit gründet. Verrat wäre es gewesen, die Augen vor den Tatsachen zu verschließen und im bequemen Schweigen eines Höflings zu verharren.

Der Bruch mit den todbringenden Utopien des 20. Jahrhunderts, die Trauerarbeit der revolutionären Illusion sind generelle und geläufige Charakteristika der Intelligenz der zeitgenössischen Epoche. Auf die eine oder andere Art und Weise, in dem einen oder anderen historisch-gesellschaftlichen Kontext, in der Dissidenz oder dem Protest gegen dieses oder jenes politische System – das Rußland Stalins und seiner Epigonen, das China Mao Tse-tungs oder das Kuba Fidel Castros: Systeme, die sich alle durch die despotische Macht eines einzigen Mannes identifizieren, Väterchen der Völker, Erster Steuermann oder Oberkommandierender –, auf die eine oder andere Art hat sich im Laufe der letzten Jahrzehnte das Problem des entweder mit luzidem Schmerz vollzogenen Bruchs oder aber das Problem der blinden Treue Dutzenden von Schriftstellern und Intellektuellen gestellt. Natürlich beziehe ich mich auf die authentischen Schriftsteller, auf jene, die wissen oder das Gespür dafür haben, daß »Literatur Feuer ist«, wie Mario Vargas Llosa sagt. Sie alle werden sich eines Tages diesem Dilemma gestellt haben müssen. Auch wenn sich die konkreten historischen Umstände seit 1989 und dem Zusammenbruch des sowjetischen Systems radikal verändert haben, werden sich ihm alle künftigen Schriftstellergenerationen auf die eine oder andere Art stellen müssen.

Aber es gibt Brüche höchst unterschiedlicher Art: Es gibt die mimetischen, und an ihrem Ende wiederholt der Schriftsteller oder Intellektuelle, der mit seiner Vergangenheit gebrochen hat – mit der Vergangenheit seiner Illusion –, sicher aus Angst, seine Identität zu verlieren, in seinem neuen Ideen- und Glaubenssystem die gleichen dogmatischen und intoleranten Züge, die seine vorherige Überzeugung charakterisieren. Dann gibt es die schmerzhaften Brüche, voll von Schwankungen und Unsicherheiten: eine nicht enden wollende Trauerarbeit, in deren Verlauf besagter Intellektuelle seine Illusionen zu erhalten versucht, auch wenn er mit seinen Gewißheiten Schluß gemacht hat.

Es gibt aber auch fröhliche, vitale, der Zukunft zugewandte Brüche, in denen sich aus der Negativität des Bruches heraus neue und positive Horizonte entwickeln und auftun.

Der Bruch Mario Vargas Llosas mit der todbringenden Utopie der totalitären Revolution gehört zweifelsohne zu denen der letztgenannten Art: fröhlich, vital, offen für die Zukunft. Nicht nur aus persönlichen Gründen, denn Vargas Llosa ist in der Tat ein Mensch mit einem vitalen, fröhlichen, der Zukunft zugewandten Temperament, neugierig und an den Ereignissen der Geschichte interessiert. Auch aus anderen, reflexiveren und moralischen Gründen.

An erster Stelle steht die Treue zu sich selbst. Ich habe schon darauf hingewiesen und gesagt, daß in seinem Bruch mit dem Castrismus die Treue zu den ethischen und ästhetischen Prinzipien zum Ausdruck kommt, die er in seinen Lehr- und Studienjahren vermittels leidenschaftlicher Lektüren und dank seiner Erfahrungen mit der gesellschaftlichen Wirklichkeit Lateinamerikas entwickelt hat.

Eine Treue zu sich selbst, die keineswegs narzißtisch ist. Wer die Romane Vargas Llosas gelesen hat, angefangen mit »Die Stadt und die Hunde« bis zu »Tod in den Anden«, wer seine proteische und scharfsinnige Arbeit als Essayist und Journalist kennt – letztere gesammelt in inzwischen drei Bänden mit dem bezeichnenden Titel »Gegen Wind und Wetter« –, weiß genau, daß die Konstruktion der eigenen Persönlichkeit, die Eroberung seiner selbst, für Vargas Llosa immer nur ein provisorisches, immer ein ungewisses Ergebnis der Öffnung zu anderen hin ist, der Dialektik zwischen dem Ich-Selbst-Sein und dem Anderen. Für Vargas Llosa bedeutet das Dasein – negativ oder positiv, in der Liebe und der Brüderlichkeit oder der Opposition und dem Kampf – immer ein Mitsein.

Die Treue zu einem Komplex ethischer und ästhetischer Prinzipien ist es also, die den Bruch der frühen siebziger Jahre auslöst. Wenn nämlich jemand die freiheitlichen Ideale verraten hat, die die kubanische Revolution eine gewisse Zeit zu verkörpern schien, dann war nicht Mario Vargas Llosa jener Verräter, sondern Fidel Castro selbst.

Dieser hatte in seiner ersten Rede, als er 1959 in Havanna einmarschierte, nachdem ein populärer Krieg siegreich zu Ende gegangen war, diese wunderbaren Worte verkündet: »Die Stunde ist gekommen, daß das Volk zu sprechen beginnt, daß die Gewehre vor ihm niederknien.«

Aber seitdem sind siebenunddreißig Jahre vergangen, und noch immer kniet das Volk vor den Gewehren, noch immer hat es nicht zu sprechen begonnen: Es spricht nur Castro, und er tut es im Namen dieses mundtot gemachten Volkes. Er spricht ohne Ende, inmitten des Schweigens des kubanischen Volkes. Ansonsten reden nur die Gewehre der Exekutionskommandos.

Jedenfalls war Vargas Llosas politischer Bruch, so radikal er auch war, ein fröhlicher, und dies verdankt sich zu einem Großteil der Kohärenz, der Entschlossenheit und der Ernsthaftigkeit seiner künstlerischen Auffassung. Der rigorosen Klarheit seines Verständnisses von der Kunst des Romans.

In seinem Text »Die Wahrheit der Lügen«, dem ersten einer gleichnamigen Sammlung von Essays über die Literatur, der 1990 veröffentlicht wurde, erinnert Vargas Llosa an das Heilige Offizium. »Die spanischen Inquisitoren verboten die Veröffentlichung oder die Einführung von Romanen in den hispanoamerikanischen Kolonien mit dem Argument, daß diese ungereimten absurden – das heißt lügenhaften – Bücher der geistigen Gesundheit der Indios schaden konnten.«

Folglich lasen die Hispanoamerikaner dreihundert Jahre lang nur eingeschmuggelte Fiktionen, und der erste Roman, der unter dieser Bezeichnung im spanischen Amerika veröffentlicht wurde, konnte erst nach der Unabhängigkeit erscheinen: in Mexiko im Jahre 1816.

Vargas Llosa merkt dazu an, daß »die spanischen Inquisitoren als erste – vor den Kritikern und den Romanschriftstellern selbst – die Natur der Fiktion und ihr aufrührerisches Potential begriffen hatten«. Und er fügt hinzu: »Im Keim jedes Romans liegt ein Stück Nonkonformismus, wird ein Wunsch laut.«

Aber Wunsch und Nonkonformismus können sich, sei es in Werken der Fiktion oder in den Unternehmungen der Realität, erfolgreich oder nicht, nur in offenen Gesellschaften entfalten.

Nicht zufällig verbrannten die Offiziere und Kadetten der Militärschule Leoncio Prado in Lima Exemplare des ersten Romans von Vargas Llosa, »Die Stadt und die Hunde«, und beschuldigten ihn, die Militäranstalt verunglimpft zu haben.

Es ist auch nicht zufällig, daß ein anderer Roman, »Die satanischen Verse« von Salman Rushdie, Gegenstand einer tödlichen Fatwa des integristischen Regimes aus Teheran ist.

Die Romanfiktion, entstanden in einer Zeit, als sich die Renaissancegesellschaft von Grund auf veränderte, als sich die Kultur vom Universum der Tradition loszulösen beginnt, vom Dogma der Heiligen Schriften, als sich das Schreiben und die Schriften in genau diesem Moment verweltlichen, profan werden – und die Kategorie des Profanen schließt das Recht des Schriftstellers auf die Profanierung ein –, die Romanfiktion ist ohne Zweifel die freiheitlichste aller humanistischen Künste. Nicht nur weil ihr Inhalt, zumindest seit Rabelais und Cervantes, alles umfassen kann – den ganzen weltlichen und den ganzen göttlichen Bereich –, sondern auch weil ihre Form unendlich flexibel, unendlich neu ist. Das heißt, sie hat die nicht endende Fähigkeit, sich immer wieder zu erneuern. Das erklärt, warum der Roman eine perpetuierliche Erfindung der Wahrheit ist.

Und nur demokratische Gesellschaften sind in der Lage, die Wahrheit zu akzeptieren und auszuhalten, auch wenn sie es manchmal mit knirschenden Zähnen tun.

In einem Interview sagte Vargas Llosa kürzlich mit etwas Selbstironie, daß er sich für eine Art Dinosaurier halte. Im Unterschied zu anderen Schriftstellern jüngerer Generationen halte er es nämlich noch immer für notwendig – sogar für vital und unverzichtbar –, daß man ein gewisses Maß von Engagement mit der gesellschaftlichen Wirklichkeit haben müsse. Eine Haltung, die für ihn eine Selbstverständlichkeit ist. Er braucht sich nicht aus Gründen moralischer Disziplin dazu zu zwingen, denn Engagement ist für ihn ein radikal spontanes Verhalten. Ein guter Teil der Arbeit des Schriftstellers Vargas Llosa gilt dem kurzen Essay oder der journalistischen Chronik, traditionelle Art der Einmischung in das Geschehen der Welt, in der historischen Wirklichkeit.

Daß das Engagement des Schriftstellers vornehmlich dem Schreiben gilt, eine heutzutage übliche und vorherrschende Auffassung, ist etwas, was Vargas Llosa gern unterschreibt. Es ist nicht leicht, einen anderen zeitgenössischen Schriftsteller zu finden, der das Handwerk des Schreibens mit solch großem Ernst, mit dieser peinlichen Genauigkeit und diesem Perfektionismus betreibt. Das gilt sogar für seine Gelegenheitsarbeiten und schnell geschriebenen Kommentare, die naturgemäß ein nur flüchtiges Leben haben. Es würde genügen, die drei Bände der gesammelten Artikel und kurzen Essays »Gegen Wind und Wetter« durchzublättern, um die leidenschaftliche Aufmerksamkeit zu bemerken, die er auf die Schönheit und formale Präzision seiner Sprache verwendet. Trotz ihrer Leichtigkeit und ihrer Gewandtheit ist seine Prosa niemals nachlässig oder unausgefeilt, nicht einmal in den eiligsten, aktuellsten journalistischen Texten.

Wenn also Literatur Feuer ist, wie Vargas Llosa in seiner Rede in Caracas gesagt hat – und wie sie es auch heute noch ist, trotz der massiven Trivialität eines Großteils dessen, was jetzt publiziert wird – und wie sie es sicher auch in Zukunft sein wird, ist sie kein Feuer, das nur einige wenige erfreut. Sie ist nicht das Feuer für die »immense Minorität« – La inmensa minoría – von

Juan Ramón Jiménez, so notwendig und respektabel diese auch sein möge. Sie ist auch Feuer für den Mann von der Straße, für diesen anonymen Gesprächspartner oder unbekannten Leser, diesen Massenmenschen, an den sich zum Beispiel ein so subtiler und so komplexer Dichter wie César Vallejo wandte.

Bei anderer Gelegenheit könnte ich mit mehr Zeit den Entwicklungsprozeß der Ideen Mario Vargas Llosas über das literarische Schaffen und das intellektuelle Engagement analysieren. Man würde sehen, wie sie ineinander übergehen, wie sie aus einem dialektischen Wechsel herrühren.

Hier und heute muß ich mich damit begnügen, einen dieser Aspekte zu betonen, aber es ist der wichtigste dieser Frage. Daran zu erinnern, daß Vargas Llosa niemals ein »organischer Intellektueller« war, in dem Sinn, den Gramsci diesem Konzept verlieh, würde schon ausreichen. Sein Engagement mit der historisch-gesellschaftlichen Wirklichkeit war immer individuell und autonom. Niemals ließ er sich von der Ideologie einer Partei beeinflussen, die den messianischen Anspruch erhob, im Namen der ausgebeuteten Klassen zu sprechen. Niemals ließ er sich von irgendeinem parteipolitischen Apparat vereinnahmen.

Genau aus diesem Grund, eben weil er so war, autonom und individuell, litt sein Bestreben, sich zu engagieren, keinen Schiffbruch in dem Augenblick seines Bruches mit den revolutionären Utopien. Für ihn hörte die demokratische Gesellschaft der Massen und des Marktes nicht auf, kritisierbar zu sein, und angesichts der drohend bevorstehenden Gefahren muß man weiterkämpfen. Was auch immer die Meinung einiger von uns sein mag zu dieser oder jeder bestimmten oder konjunkturellen politischen Option, die Vargas Llosa in der Öffentlichkeit äußert, nicht zu übersehen ist in jeder einzelnen Stellungnahme die gleiche Leidenschaft für die Freiheit und Autonomie der menschlichen Wesen, das gleiche unermüdliche Streben, das Unrecht unserer Gesellschaft drastisch zu verbessern und zu reformieren.

Hat ein Dinosaurier eine solche Auffassung vom intellektuellen Engagement? Vielleicht ja, aber gelobt sei dann dieser junge und vitalistische Dinosaurier namens Mario Vargas Llosa!

Ich kann diese knappe und schematische Skizze der Talente und Tugenden, die Mario Vargas Llosa als würdigen und verdienstvollen Träger des Friedenspreises ausweisen, nicht beenden, ohne eine der bemerkenswertesten Eigenarten seines schöpferischen Werkes und seiner Person zu erwähnen.

Die meisten von Ihnen kennen sicher die Verachtung, die er gegenüber den Nationalismen hegt, seinen Haß auf die Integrismen, die – angefangen mit der »Reinheit des Blutes« des imperialen Spaniens bis zur »ethnischen Säuberung« der Konflikte in Zentral- und Osteuropa – alle Formen von Intoleranz, von Xenophobie, von Verblendung und dem starren Beharren auf der nationalen Identität zu verhärten suchen oder ihnen zu neuem Leben verhelfen.

Vargas Llosa hat immer seine kosmopolitische Bedingtheit, seine ontologische Situation als freiwilliger Exilierter betont. Alle, die wir ihn kennen, haben ihn mit der gleichen gelassenen Selbstverständlichkeit und mit der gleichen moralischen Strenge arbeiten gesehen – sei es in London oder Paris, in Madrid oder Barcelona, in Berlin oder in den Vereinigten Staaten. – Ein flüchtiger Blick auf die Inhaltsverzeichnisse seiner Essaybände oder kritischen Schriften würde sogleich die Breite, die Vielfalt seiner Interessen und seiner Neugier veranschaulichen. Es gibt keine Literatur oder kein Denken in der weiten Welt, die seinen Heißhunger auf mehr Wissen nicht wecken könnten.

Wenn sich Vargas Llosa also hinsetzt und an einem seiner fiktiven Werke arbeitet – und wir alle wissen, daß dies das Wichtigste, das Wesentliche für ihn ist –, wo immer er also sitzen mag und wohin auch immer er sich setzt, fühlt er sich wohl, zunächst mit seinem Füller, später mit seinem Computer, und so entsteht ein Buch, das in der Wirklichkeit oder in den Träumen Perus verankert ist. Von »Die Stadt und die Hunde« bis zu »Tod in den Anden« ist die zeitgenössische peruanische Wirklichkeit Materie und Grundlage der fiktionalen Arbeit von Vargas Llosa. – Die einzige Ausnahme sei angemerkt: »Der Krieg am Ende der Welt« spielt in Brasilien und ist, ich vereinfache, zum einen ein historischer Roman, zum anderen eine Hommage des Autors an das gewaltige Epos von Euclides da Cunha: »Krieg im Sertão«.

In dieser peruanischen Wirklichkeit entzündet sich also das leidenschaftliche und luzide Feuer der Romankunst von Vargas Llosa. Diese Wirklichkeit ist es, die seine glühende Prosa entflammt, die subtil gewebt ist, erfinderisch und dicht, voller Emotionen und Ideen.

Mit einer beeindruckenden Natürlichkeit hat Vargas Llosa eines der brennendsten Probleme der heutigen Zeit gelöst, das sich jedem Autor stellt: das Problem, in einer einzigen theoretischen und praktischen, das heißt ethischen, Bewegung sowohl die universalistische Bestimmung, ohne die sich die kulturelle Vision schmälern und verhärten würde, wie auch die Verwurzelung in einer nationalen, also traditionellen Gemeinschaft, ohne die die Zugehörigkeit zum Menschengeschlecht abstrakt oder rein rhetorisch werden kann, diese beiden Pole also in einer Bewegung zu vereinen.

Aus all diesen Gründen und für deine künftigen Werke, die das Feuer der Literatur weiter verbreiten werden, um die Seelen und Leben der Menschen jeglicher Herkunft und aus allen Ländern dieser Welt zu entflammen, für all das sei dir Dank, Mario.

Aus dem Spanischen von Michi Strausfeld

Mario Vargas Llosa

Dank

Dinosaurios en tiempos difíciles

Dinosaurier in schwierigen Zeiten

Por muchas razones, me conmueve recibir este Premio de la Paz que conceden los libreros y editores alemanes: la significación que tiene en el ámbito cultural, los distinguidos intelectuales que lo han merecido y a los que ahora me vincula, el reconocimiento que implica de una vida dedicada a la literatura.

Pero, la razón principal, en mi caso, es su terco anacronismo, su empeño en entender el trabajo literario como una responsabilidad que no se agota en lo artístico y está indispensablemente ligada a una preocupación moral y una acción cívica. Con esta idea de la literatura nació mi vocación, ella ha animado hasta ahora todo lo que he escrito, y, por lo mismo, va haciendo de mí, como del optimista *Friedenspreis,* me temo, en estos tiempos de la *virtual reality,* un dinosaurio con pantalones y corbata, rodeado de computadoras. Ya sé que las estadísticas están de nuestro lado, que nunca se han publicado y vendido tantos libros como ahora y que, si el asunto pudiera confinarse en el terreno de los números, no habría nada que temer. El problema surge cuando, como lo haría un incorregible *voyeur,* no satisfechos con las confortables encuestas sobre impresiones y ventas de libros, que parecen garantizar la perennidad de la literatura, espiamos detrás de las vestiduras numéricas.

Lo que allí aparece es bien deprimente. En nuestros días se escriben y publican muchos libros, pero nadie a mi alrededor – o, casi nadie, para no discriminar a los pobres dinosaurios – cree ya que la literatura sirva de gran cosa, salvo para no aburrirse demasiado en el autobús o en el metro, y para que, adaptadas al cine o a la televisión, las ficciones literarias – si son de marcianos, horror, vampirismo o crímenes sadomasoquistas, mejor – se vuelvan televisivas o cinematográficas. Para sobrevivir, la literatura se ha tornado *light* – noción que es un error traducir por ligera, pues, en verdad, quiere decir irresponsable y, a menudo, idiota. Por eso, distinguidos críticos, como George Steiner, creen que la literatura ya ha muerto, y excelentes novelistas, como V. S. Naipaul, proclaman que no volverán a escribir una novela pues el género novelesco les da ahora asco.

En este contexto de pesimismo creciente sobre los poderes de la literatura para ayudar a los lectores a entender mejor la complejidad humana, mantenerse lúcidos sobre las deficiencias de la vida, alertas ante la realidad histórica circundante e indóciles a la manipulación de la verdad por parte de los poderes constituídos (para eso se creía que servía la literatura, además de entretener, cuando yo comencé a escribir) resulta casi alentador volver la vista hacia la pandilla de gánsters que gobierna Nigeria y que asesinó a Ken Sarowiwa, los perseguidores de Taslima Nasrami en Bangla Desh, los ulemas iraníes que dictaron la *fatwa* condenando a muerte a Salman Rushdie, los integristas islámicos que han degollado decenas de periodistas, poetas y dramaturgos en Argelia, los que, en El Cairo, clavaron la daga que estuvo a punto de acabar con la vida de Naguib Mahfouz, y hacia regímenes como los de Corea del Norte, Cuba China, Vientan. Myanmar y tantos otros, con sus sistemas de censura y sus escritores encarcelados o exiliados. No deja de ser una instructiva paradoja que, en tanto que en los países considerados más cultos, que son también los más libres y democráticos, la literatura se va convirtiendo, según una concepción generalizada, en un entretenimiento intrascendente, en aquellos donde la libertad es recortada y donde los derechos humanos son afrentados a diario, se considere a la literatura peligrosa, diseminadora de ideas subversivas y germen de insatisfacción y rebeldía. A los dramaturgos, novelistas y poetas de los países cultos y libres que se desencantan de su oficio por la frivolización en que les parece estar sucumbiendo, o que lo creen ya derrotado por la cultura audiovisual, les conviene echar una mirada hacia esa vastísima zona del mundo que aún no es culta ni libre, para levantarse la moral. Allí, la literatura no debe de estar muerta, ni ser del todo inútil, ni la poesía y la novela y el teatro inocuos, cuando los déspotas, tiranuelos y fanáticos les tienen tanto miedo y les rinden el homenaje de censurarlos y de armordazar y aniquilar a sus autores.

Me apresuro a añadir que, aunque creo que la literatura debe comprometerse con los problemas de su tiempo y el escritor escribir con la convicción de que escribiendo puede ayudar a los demás a ser más libres, sensibles y lúcidos, estoy lejos de sostener que ›el compromiso‹ cívico y moral del intelectual garantice el acierto, la defensa de la mejor opción, la que contribuye a atajar la violencia, reducir la injusticia y hace avanzar la libertad. Me he equivocado demasiadas veces y he visto a muchos escritores que admiré y tuve por directores de conciencia, equivocarse también, y, a veces, poner su talento y genio al servicio de la mentira ideológica y el crimen de Estado, para hacerme ilusiones. Pero, sí creo con firmeza que, sin renunciar a entretener, la literatura debe hundirse hasta el cuello en la vida de la calle, en la experiencia común, en la historia haciéndose, como lo hizo en sus mejores momentos, porque, de este modo, sin arrogancia, sin pretender la omnisciencia, asumiendo el riesgo del error, el escritor puede prestar un servicio a sus contemporáneos y salvar a su oficio de la delicuescencia en que a ratos parece estar cayendo.

Si se trata sólo de entretener, de hacer pasar al ser humano un rato agradable, sumido en la irrealidad, emancipado de la sordidez cotidiana, el infierno doméstico o la angustia económica, en una relajada indolencia espiritual, las ficciones de la literatura no pueden competir con las que suministran las pantallas, grandes o chicas. Las ilusiones fraguadas con la palabra exigen una activa participación del lector, un esfuerzo de imaginación y, a veces, tratándose de literatura moderna, complicadas operaciones de memoria, asociación y creación, algo de lo que las imágenes del cine y la televisión dispensan a los espectadores. Y éstos, en parte a causa de ello, se vuelven cada día más perezozos, más alérgicos a un entretenimiento que los exija intelectualmente. Digo esto sin el menor ánimo beligerante contra los medios audiovisuales y desde mi confesable condición de adicto al cine – veo dos o tres películas por semana –, que también disfruta con un buen programa de televisión (esa rareza). Pero, por eso mismo, con el conocimiento de causa necesario para afirmar que todas las buenas películas que he visto en mi vida, y que me divirtieron tanto, no me ayudaron ni remotamente a entender el laberinto de la psicología humana como las novelas de Dostovieski, o los mecanismos de la vida social como *La guerra y la paz* de Tolstoi, o los abismos de miseria y las cimas de grandeza que pueden coexistir en el ser humano como me lo enseñaron las sagas literarias de un Thomas Mann, un Faulkner, un Kafka, un Joyce o un Proust. Las ficciones de las pantallas son intensas por su inmediatez y efímeras por sus resultados; nos apresan y nos excarcelan casi de inmediato; de las literarias, somos prisioneros de por vida. Decir que los libros de aquellos autores entretienen, sería injuriarlos, porque, aunque es imposible no leerlos en estado de trance, lo importante de las buenas lecturas es siempre posterior a la lectura, un efecto que deflagra en la memoria y en el tiempo. Está ocurriendo todavía en mí, porque, sin ellas, para bien o para mal, no sería como soy, ni creería en lo que creo, ni tendría las dudas y las certezas que me hacen vivir. Esos libros me cambiaron, me modelaron, me hicieron. Y aún me siguen cambiando y haciendo, incesantemente, al ritmo de una vida con la que voy cotejándolos. En ellos aprendí que el mundo está mal hecho y que estará siempre mal hecho – lo que no significa que no debamos hacer lo posible para que no sea todavía peor de lo es –, que somos inferiores a lo que soñamos y vivimos en la ficción, y que hay una condición que compartimos, en la comedia humana de la que somos actores, que, en nuestra diversidad de culturas, razas y creencias, hace de nosotros iguales y debería hacer, también, solidarios y fraternos. Que no sea así, que a pesar de compartir tantas cosas con nuestros semejantes, todavía proliferen los prejuicios raciales, religiosos, la aberración de los nacionalismos, la intolerancia y el terrorismo, es algo que puedo entender mucho mejor gracias a aquellos libros que me tuvieron desvelado y en ascuas mientras los leía, porque nada aguza mejor nuestro olfato ni nos hace tan sensibles para detectar las raíces de la crueldad, la maldad y la violencia que puede desencadenar el ser humano, como la buena literatura.

Por dos razones, me parece posible afirmar que, si la literatura no sigue asumiendo esta función en el presente como lo hizo en el pasado – renunciando a ser *light,* volviendo a ›comprometerse‹, tratando de abrir los ojos de la gente, a través de la palabra y la fantasía, sobre la realidad en torno – será menos difícil contener la erupción de guerras, matanzas, genocidios, enfrentamientos étnicos, luchas religiosas, desplazamientos de refugiados y acciones terroristas que se ha declarado y amenaza con proliferar, haciendo trizas las ilusiones de un mundo pacífico, conviviendo en democracia, que la caída del muro de Berlín hizo concebir. No ha sido así. El descalabro de la utopía colectivista significó un paso adelante, desde luego, pero no ha traído ese consenso universal sobre la vida en democracia que vislumbró Francis Fukuyama; más bien, una confusión y complicación de la realidad histórica para entender la cual no sería inútil recurrir a dédalos literarios como los que ideó Faulkner para referir la saga de Yoknapatawpha o Hermann Hesse el juego de abalorios. Pues la historia se nos ha vuelto tan desconcertante y escurridiza como un cuento fantástico de Jorge Luis Borges.

La primera, es la urgencia de una movilización de las conciencias que exija acciones resueltas de los gobiernos democráticos en favor de la paz, donde ésta se quiebre y amenace con provocar cataclismos, como en Bosnia, Chechenia, Afganistán, el Líbano, Somalia, Ruanda, Liberia y tantos otros lugares en los que, ahora mismo, se tortura, mata o renueva los arsenales para las futuras matanzas. La parálisis con que la Unión Europea asistió a una tragedia ocurrida en sus puertas, los Balcanes – doscientos mil muertos y operaciones de limpieza étnica que, por lo demás, acaban de ser legitimadas en las recientes elecciones que han confirmado en el poder al los partidos más nacionalistas – es una prueba dramática de la necesidad de despertar esas conciencias aletargadas y sumidas en la complacencia o la indiferencia, y sacar a las sociedades democráticas del marasmo cívico, que ha sido, para ellas, una de las inesperadas consecuencias del desplome del comunismo. Los espantosos crímenes cometidos por el fanatismo nacionalista y racista en ese polvorín, apaciguado pero de no desactivado del todo, de la ex-Yugoslavia, que hubieran podido ser impedidos con una acción oportuna de los países occidentales ¿no demuestran la necesidad de una vigorosa iniciativa en el campo de las ideas y de la moral pública que informe al ciudadano de lo que está en juego y lo haga sentirse responsable? Los escritores pueden contribuir a esta tarea, como lo hicieron en el pasado, tantas veces, cuando todavía creían que la literatura no sólo servía para entretener, también para preocupar, alarmar e inducir a actuar por una buena causa. La supervivencia de la especie y de la cultura son una buena causa. Abrir los ojos, contagiar la indignación por la injusticia y el crimen, y el entusiasmo por ciertos ideales, probar que hay sitio para la esperanza en las circunstancias más difíciles, es algo que la literatura ha sabido hacer, aunque, a veces, haya equivocad sus blancos y defendido lo indefendible.

La segunda razón, es que la palabra escrita tiene, hoy, cuando muchos piensan que las imágenes y las pantallas la van volviendo obsoleta, posibilidades de calar más hondo en el análisis de los problemas, de llegar más lejos en la descripción de la realidad social, política y moral, y, en una palabra, de decir la verdad, que los medios audiovisuales. Éstos se hallan condenados a pasar sobre la superficie de las cosas y mucho más mediatizados que los libros en lo que concierne a la libertad de expresión y de creación. Ésta me parece una realidad lamentable, pero incontrovertible: las imágenes de las pantallas divierten más, entretienen mejor, pero son siempre parcas, a menudo insuficientes y muchas veces ineptas para decir, en el complejo ámbito de la experiencia individual e histórica, aquello que se exige en los tribunales a los testigos: »la verdad y *toda* la verdad«. Y su capacidad crítica es por ello muy escasa.

Quiero detenerme un momento sobre esto, que puede parecer un contrasentido. El avance de la tecnología de las comunicaciones ha volatilizado las fronteras e instalado la aldea global, donde todos somos, por fin, contemporáneos de la actualidad, seres intercomunicados. Debemos felicitarnos por ello, desde luego. Las posibilidades de la información, de saber lo que pasa, de vivirlo en imágenes, de estar en medio de la noticia, gracias a la revolución audiovisual ha ido más lejos de lo que pudieron sospechar los grandes anticipadores del futuro que fueron un Jules Verne o un H. G. Wells. Y, sin embargo, aunque muy informados, estamos más desconectados y distanciados que antes de lo que ocurre en el mundo. No ›distanciados‹ a la manera en que Bertolt Brecht quería que lo estuviera el espectador: para educar su razón y hacerlo tomar conciencia moral y política, para que supiera diferenciar lo que veía en el escenario de lo que sucede en la calle. No, la fantástica acuidad y versatilidad con que la información nos traslada hoy a los escenarios de la acción en los cinco continentes, ha conseguido convertir al televidente en un mero espectador, y, al mundo, en un vasto teatro, o, mejor, en una película, en un *reality show* enormemente entretenido, sin duda, donde a veces nos invaden los marcianos, se revelan las intimidades picantes de las personas, y, a veces, se descubren las tumbas colectivas de los bosnios sacrificados de Srebrenica, los mutilados de la guerra de Afganistán, caen cohetes sobre Bagdad o lucen sus esqueletos y sus ojos agónicos los niños de Ruanda. La información audiovisual, fugaz, transeúnte, llamativa, superficial, nos hace ver la historia como ficción, distanciándonos de ella mediante el ocultamiento de las causas, engranajes, contextos y desarrollos de esos sucesos que nos presenta de modo tan vívido. Ésa es una manera de hacernos sentir tan impotentes para cambiar lo que desfila ante nuestros ojos en la pantalla, como cuando vemos una película. Ella nos condena a esa pasiva receptividad, atonía moral y anomia psicológica, en que suelen ponernos las ficciones o los programas de consumo masivo cuyo único propósito es entretener.

Es un estado perfectamente lícito, desde luego, y que tiene sus encantos: a todos nos gusta evadirnos de la realidad objetiva en brazos de la fantasía; ésa ha sido, también, desde el principio, una de las funciones de la literatura. Pero, irrealizar el presente, mudar en ficción la historia real, desmoviliza al ciudadano, lo hace sentirse eximido de responsabilidad cívica, creer que está fuera de su alcance intervenir en una historia cuyo guión se halla ya escrito, interpretado y filmado de modo irreversible. Por este camino, podemos deslizarnos hacia un mundo sin ciudadanos, de espectadores, un mundo que, aunque tenga las formas democráticas, habrá llegado a ser aquella sociedad letárgica, de hombres y mujeres resignados, que aspiran a implantar las dictaduras.

Además de convertir la informacizón en ficción en razón de la naturaleza de su lenguaje y de las limitaciones de tiempo de que dispone, el margen de libertad de que disfruta la creación audiovisual está constreñido por el altísimo costo de su producción. Ésta es una realidad no premeditada, pero determinante, pues gravita como una coacción sobre el realizador a la hora de elegir un tema y concebir la manera de narrarlo. La búsqueda del éxito inmediato no es en su caso una coquetería, una vanidad, una ambición; es el requisito sin el cual no puede hacer (o volver a hacer) una película. Pero, el tenaz conformismo que suele ser la norma del producto audiovisual típico, no se debe sólo a esta necesidad de conquistar un gran público, apuntando a lo más bajo, para recuperar los elevados presupuestos; también, a que, por tratarse de géneros de masas, con repercusión inmediata en vastos sectores, la televisión y, luego, el cine, son los medios más controlados por los poderes, aún en los países más abiertos. No explícitamente censurados, aunque, en algunos casos, sí; más bien, vigilados, aconsejados, disuadidos, mediante leyes, reglamentos o presiones políticas y económicas, de abordar los temas más conflictivos o de abordar cualquier tema de modo conflictivo. En otras palabras, inducidos a ser exclusivamente entretenidos.

Este contexto ha generado para la palabra escrita y su principal exponente, la literatura, una situación de privilegio. La oportunidad, casi diría la obligación, ya que ella sí lo puede, de ser problemática, ›peligrosa‹, como creen que lo es los dictadores y los fanáticos, agitadora de conciencias, inconforme, preocupante, crítica, empeñada, según el refrán español, en buscarle tres pies al gato a sabiendas de que tiene cuatro. Hay un vacío que llenar y los medios audiovisuales no están en condiciones ni permitidos de hacerlo a cabalidad. Ese trabajo debe hacerse, si no queremos que el más preciado bien de que gozamos – las minorías que gozamos de él –, la cultura de la libertad, la democracia política, no se deteriore y sucumba, por dimisión de sus beneficiarios.

La libertad es un bien precioso, pero no está garantizada, a ningún país, a ninguna persona, que no sepan asumirla, ejercitarla y defenderla. La literatura, que respira y vive gracias a ella, que sin ella se asfixia, puede hacer comprender que la libertad no es un don del cielo sino una elección, una convicción, una práctica y unas ideas que deben enriquecerse y ponerse a prueba, todo el tiempo. Y, también, que la democracia es la mejor defensa que se ha inventado contra la guerra, como postuló Kant, algo que es hoy todavía más verdadero que cuando el filósofo lo escribió, pues casi todas las guerras en el mundo desde hace por lo menos un siglo han tenido lugar entre dictaduras, o sido desatadas por regímenes autoritarios y totalitarios contra democracias, en tanto que casi no se da el caso – las excepciones hay que buscarlas como aguja en un pajar – de guerras que enfrenten a dos países democráticos. La lección es clarísima. La mejor manera que tienen los países libres de lograr un planeta pacificado es promoviendo la cultura democrática. En otras palabras, combatiendo a los regímenes despóticos cuya sola existencia es amenaza de conflicto bélico, cuando no de promoción y financiación del terrorismo internacional. Por eso, hago mía la llamada de Wale Soyinka para que los gobiernos del mundo desarrollado apliquen sanciones económicas y diplomáticas a los gobiernos tiránicos, que violan los derechos humanos, en vez de ampararlos o mirar al otro lado cuando perpetan sus crímenes, con la excusa de que así aseguran las inversiones y la expansión de sus empresas. Porque la seguridad que ofrecen regímenes que asesinan a sus disidentes, como el del general Abacha, en Nigeria, o la China que esclaviza el Tibet, o la satrapía castrense de Myanmar, o el Gulag tropical cubano, es precaria y puede desintegrarse en la anarquía o la violencia, como ocurrió con la Unión Soviética. La mejor garantía para el comercio, la inversión y el orden económico internacional, es la expansión de la legalidad y la libertad por todo el mundo. Hay quienes dicen que las sanciones son ineficaces para impulsar la democracia. ¿Acaso no sirvieron en Africa del Sur, en Chile, en Haití, para acelerar el desplome de la dictadura?

Que el escritor ‹se comprometa› no puede querer decir que renuncie a la aventura de la imaginación, ni a los experimentos del lenguaje, ni a ninguna de las búsquedas, audacias y riesgos que hacen estimulante el trabajo intelectual, ni que riña con la risa, la sonrisa o el juego porque considera incompatible con la responsabilidad cívica el deber de entretener. Divertir, hechizar, deslumbrar, lo han hecho siempre los grandes poemas, dramas, novelas y ensayos. No hay idea, personaje o anécdota de la literatura que viva y dure, si no sale, como el conejo del sombrero de copa del ilusionista, de hechiceros pases mágicos. No se trata de eso.

Se trata de aceptar el desafío que este fin del milenio nos lanza a todos, y del que no podemos excluírnos las mujeres y los hombres dedicados al quehacer cultural: ¿vamos a sobrevivir? La caída del simbólico muro de Berlín no ha vuelto inútil la pregunta. La ha reformulado, añadiéndole incógnitas. Antes, conjeturábamos si estallaría la gran confrontación incubada por la guerra fría y si el mundo se consumiría en el holocausto de un solo conflicto entre el Este y el Oeste. Ahora, se trata de saber si la muerte de la civilización será más lenta y descentralizada, resultado de una sucesión de múltiples conflagraciones regionales y nacionales suscitadas por razones ideológicas, religiosas, étnicas y la cruda ambición de poder. Las armas están allí y siguen fabricándose. Atómicas y convencionales, sobran para desaparecer varios planetas, además de esta pequeña estrella sin luz propia que nos tocó. La tecnología de la destrucción sigue su progreso vertiginoso y hasta se abarata. Hoy, una organización terrorista de pocos miembros y moderados recursos, dispone de un instrumental destructivo más poderoso que aquellos con que contaron los más eficientes devastadores, como Atila o Genghis Khan. Este no es un problema de las pantallas, grandes o chicas. Es nuestro problema. Y si todos, incluídos los que escribimos, no le encontramos solución, puede ocurrir que, como en una amena película, los monstruos bélicos se escapen de su recinto de celuloide y hagan volar la casa en que nos creíamos a salvo.

En sus años de exilio en Francia, cuando Europa entera iba cayendo bajo el avance de los ejércitos nazis, que parecían irresistibles, un hombre de pluma nacido en Berlín, Walter Benjamin, estudiaba afanoso la poesía de Charles Baudelaire. Escribía sobre él un libro, que nunca terminó, del que dejó unos capítulos que hoy leemos con la fascinación que nos producen los más fecundos ensayos. ¿Por qué Baudelaire? ¿Por qué ese tema, en aquel sombrío momento? Leyéndolo, descubrimos que en *Les Fleurs du Mal* había respuestas a inquietantes interrogaciones que planteaba, para la vida del espíritu y del intelecto, el desarrollo de una cultura urbana, la situación del individuo y sus fantasmas en una sociedad masificada y despersonalizada por el crecimiento industrial, la orientación que en esa nueva sociedad adoptarían la literatura, el arte, el sueño y los deseos humanos. La imagen de Walter Benjamin inclinado sobre Baudelaire mientras se cerraba en torno a su persona el cerco que terminaría por ahogarlo, es tan conmovedora como la del filósofo Karl Popper, quien, por esos mismos años, en su exilio en el otro lado del mundo, Nueva Zelanda, se ponía a aprender griego clásico y estudiar a Platón, como – son sus palabras – su contribución personal a la lucha contra el totalitarismo. Así nacería ese libro capital, *La sociedad abierta y sus enemigos.*

Benjamin y Popper, el marxista y el liberal, heterodoxos y originales dentro de las grandes corrientes de pensamiento que renovaron e impulsaron, son dos ejemplos de como escribiendo se puede resistir la adversidad, actuar, influir en la historia. Modelos de escritores comprometidos, los cito, para terminar, como evidencias de que, por más que el aire se enrarezca y la vida no les resulte propicia, los dinosaurios pueden arreglárselas para sobrevivir y ser útiles en los tiempos difíciles.

Die Zuerkennung des Friedenspreises, den die deutschen Buchhändler und Verleger vergeben, bewegt mich aus vielerlei Gründen: aufgrund des Stellenwerts, den er in kultureller Hinsicht besitzt, aufgrund der herausragenden Intellektuellen, die seiner würdig gewesen sind und mit denen er mich nun verbindet, und aufgrund der damit einhergehenden Anerkennung eines Lebens, das der Literatur gewidmet ist.

Doch der wichtigste Grund ist, für mich, sein hartnäckiger Anachronismus, sein beharrliches Bemühen, die literarische Arbeit als eine Verantwortung zu begreifen, die sich nicht im Künstlerischen erschöpft und notwendig mit einem moralischen Anliegen und einer gesellschaftlichen Wirkung verbunden ist. Mit dieser Auffassung von Literatur entstand meine literarische Neigung, sie hat bis heute alles geprägt, was ich geschrieben habe, und aus ebendiesem Grund macht sie aus mir – wie auch aus dem optimistischen Friedenspreis, wie ich fürchte – in diesen Zeiten virtueller Wirklichkeit einen Dinosaurier mit Hose und Krawatte, umstellt von Computern. Ich weiß, daß die Statistiken auf unserer Seite sind, daß niemals so viele Bücher veröffentlicht und verkauft wurden wie heute und daß, wenn die Angelegenheit sich auf das Terrain der Zahlen begrenzen ließe, kein Anlaß zur Sorge bestünde. Das Problem stellt sich, wenn wir, wie es ein unverbesserlicher Voyeur täte, uns nicht mit den ermutigenden Erhebungen über den Druck und Verkauf von Büchern zufriedengeben, die den Fortbestand der Literatur zu garantieren scheinen, und hinter die Zahlenverkleidungen schauen.

Was uns dort erwartet, ist recht deprimierend. In unseren Tagen werden viele Bücher geschrieben und publiziert, aber niemand in meiner Umgebung – oder fast niemand, um die armen Dinosaurier nicht zu diskriminieren – glaubt noch, daß die Literatur zu besonders viel nütze ist, außer dazu, sich im Autobus oder in der Metro nicht allzusehr zu langweilen, oder dazu, daß die literarischen Fiktionen – wenn sie mit Marsmenschen, Horror, Vampirismus oder sadomasochistischen Verbrechen zu tun haben, um so besser – für den Film oder das Fernsehen bearbeitet werden und damit zu Leinwand- oder Bildschirmfiktionen werden. Um zu überleben, ist die Literatur *light* geworden – ein Begriff, der mit »leicht« falsch übersetzt wäre, denn er bedeutet in Wirklichkeit unverantwortlich und oft stumpfsinnig. Deshalb sind herausragende Kritiker, wie George Steiner, der Auffassung, die Literatur sei tot, und ausgezeichnete Romanciers, wie V. S. Naipaul, verkünden, daß sie keinen Roman mehr schreiben werden, weil dieses Genre ihnen jetzt Widerwillen einflöße.

Angesichts des zunehmenden Pessimismus in bezug auf die Fähigkeit der Literatur, den Lesern zu einem besseren Verständnis der menschlichen Komplexheit zu verhelfen, sie in die Lage zu versetzen, den Mängeln des Lebens mit Hellsichtigkeit, der sie umgebenden geschichtlichen Wirklichkeit mit wachsamer Aufmerksamkeit und der Manipulation der Wahrheit seitens der Machthabenden mit Unbotmäßigkeit zu begegnen (diesem Zweck, außer dem der Unterhaltung, diente die Literatur, so glaubte man, als ich zu schreiben begann), erweist es sich als nachgerade ermutigend, den Blick auf die Verbrecherbande zu lenken, die Nigeria regiert und Ken Saro-Wiwa umbrachte, auf die Verfolger von Taslima Nasrin in Bangladesch, auf die iranischen Rechtsgelehrten, die die Fatwa diktierten und Salman Rushdie zum Tode verurteilten, auf die islamischen Integristen, die Dutzenden von Journalisten, Dichtern und Dramatikern in Algerien die Kehle durchschnitten, auf diejenigen, die in Kairo den Dolch führten, der Nagib Mahfuz fast das Leben gekostet hätte, und auf Regime wie die Nordkoreas, Kubas, Chinas, Vientianes, Birmas und so vieler anderer Länder mit ihren Zensursystemen und ihren ins Gefängnis gesperrten oder exilierten Schriftstellern. Es ist ein durchaus lehrreiches Paradox: Während die Literatur sich in den als besonders gebildet geltenden Ländern, die zugleich die freiesten und demokratischsten sind, nach allgemeiner Auffassung in einen bedeutungslosen Zeitvertreib verwandelt, wird die Literatur in Ländern, in denen die Freiheit eingeschränkt ist und tagtäglich gegen die Menschenrechte verstoßen wird, als gefährlich betrachtet, als ein Element, das subversive Ideen verbreitet und Unzufriedenheit und Rebellion zu schüren vermag. Die Dramatiker, Romanciers und Dichter der gebildeten und freien Länder, die ihrem Beruf ernüchtert gegenüberstehen, weil sie, wie ihnen scheint, dem Prozeß einer zunehmenden Gehaltlosigkeit ausgeliefert sind oder weil sie glauben, dieser Beruf sei bereits besiegt von der audiovisuellen Kultur, sollten einen Blick auf diese riesige Weltregion werfen, die noch nicht gebildet und noch nicht frei ist: Dies könnte ihnen Mut machen. Dort ist die Literatur sicher nicht tot und auch nicht ganz unnütz, sind Dichtung, Roman und Theater nicht harmlos, wenn die Despoten, kleinen Diktatoren und Fanatiker so große Angst vor ihnen haben und ihnen die Huldigung erweisen, sie zu zensieren und ihre Autoren mundtot zu machen und zu vernichten.

Ich glaube zwar, so möchte ich gleich hinzufügen, daß die Literatur sich auf die Probleme ihrer Zeit einlassen und daß der Schriftsteller mit der Überzeugung schreiben muß, sein Schreiben könne den anderen helfen, freier, sensibler und hellsichtiger zu werden, aber ich bin weit davon entfernt zu behaupten, daß das gesellschaftliche und moralische »Engagement« des Intellektuellen die richtige Wahl, die Verteidigung der besten Option garantiert, einer Option, die dazu beiträgt, die Gewalt einzudämmen, die Ungerechtigkeit zu vermindern und die Freiheit zu fördern. Ich habe mich zu oft geirrt und erlebt, wie viele Schriftsteller, die ich bewunderte und als Ratgeber in Gewissensfragen betrachtete, sich ebenfalls irrten und zuweilen ihr Talent und ihr Genie in den Dienst der ideologischen Lüge und des staatlichen Verbrechens stellten, um mir Illusionen zu machen. Woran ich allerdings fest glaube, ist, daß die Literatur, ohne auf Unterhaltung zu verzichten, bis an den Hals in das Leben der Straße, in die Erfahrung der Allgemeinheit, in die werdende Geschichte eintauchen muß, wie sie es in ihren besten Zeiten getan hat, denn auf diese Weise kann der Schriftsteller ohne Arroganz, ohne den Anspruch auf Allwissenheit zu erheben, als jemand, der das Risiko des Irrtums eingeht, seinen Zeitgenossen einen Dienst erweisen und seinen Beruf vor der Inkonsistenz retten, der er zuweilen anheimzufallen scheint.

Wenn es nur darum geht, zu unterhalten, dem Menschen zu einigen angenehmen Augenblicken zu verhelfen, ihn im Sog der Unwirklichkeit, befreit von der Schäbigkeit des Alltags, der Hölle des Familienlebens oder der Angst um seine wirtschaftliche Situation, in einen entspannten Zustand geistiger Trägheit zu versetzen, dann können die Fiktionen der Literatur nicht mit denen der Leinwand oder des Bildschirms konkurrieren. Illusionen, die aus Worten gemacht sind, erfordern eine aktive Beteiligung des Lesers, eine Anstrengung der Vorstellungskraft und bisweilen, wenn es sich um moderne Literatur handelt, komplizierte Operationen, die ein gutes Gedächtnis und assoziative und kreative Fähigkeiten verlangen, etwas, was die Bilder des Kinos und des Fernsehens den Zuschauern ersparen. Diese werden – teilweise aus ebendiesem Grund – immer träger und reagieren zunehmend allergisch auf eine Unterhaltung, die sie geistig fordert. Ich sage dies, ohne den geringsten kriegerischen Gedanken gegen die audiovisuellen Medien zu hegen, als jemand, der sich bereitwillig als Kinosüchtiger zu erkennen gibt – ich sehe zwei oder drei Filme pro Woche – und der auch ein gutes Fernsehprogramm zu genießen vermag, diesen seltenen Glücksfall. Aber ebendeshalb mit der genügenden Sachkenntnis, um zu behaupten, daß sämtliche guten Filme, die ich in meinem Leben mit dem größten Vergnügen gesehen habe, mir nicht im entferntesten geholfen haben, das Labyrinth der menschlichen Psyche zu verstehen, wie es die Romane Dostojewskis taten, oder die Mechanismen des gesellschaftlichen Lebens zu begreifen, wie es Tolstois »Krieg und Frieden« tat, oder zu ermessen, welche Abgründe an Erbärmlichkeit und Gipfel der Größe im Menschen koexistieren können, wie es mich die literarischen Sagas eines Thomas Mann, eines Faulkner, eines Kafka, eines Joyce oder eines Proust lehrten. Die Fiktionen der Bilderwelt sind intensiv durch ihre Unmittelbarkeit und vergänglich, was ihre Resultate betrifft; sie nehmen uns gefangen und setzen uns fast augenblicklich wieder frei; die Fiktionen der Literatur halten uns ein Leben lang gefangen. Von den Büchern dieser Autoren zu behaupten, sie seien unterhaltsam, hieße sie beleidigen: Es ist zwar unmöglich, sie nicht in einem Zustand der Trance zu lesen, aber das eigentlich Wichtige der guten Lektüre geschieht immer nach der Lektüre, in Form einer Wirkung, die in der Erinnerung und in der Zeit explodiert. Diese Wirkung findet noch immer in mir statt, denn ohne diese Lektüren wäre ich im Guten wie im Schlechten nicht, wie ich bin, noch würde ich an das glauben, woran ich glaube, noch hätte ich die Zweifel und die Gewißheiten, die mich leben lassen. Diese Bücher veränderten mich, formten mich, machten mich zu dem, der ich bin. Und sie verändern und formen mich weiterhin, unaufhörlich, im Rhythmus eines Lebens, mit dem ich sie vergleiche. In ihnen habe ich gelernt, daß die Welt unvollkommen ist und daß sie immer unvollkommen sein wird – was nicht bedeutet, daß wir nicht alles in unserer Macht Stehende tun sollen, damit sie nicht noch schlimmer wird, als sie ist –, daß wir geringer sind als das, was wir in der literarischen Fiktion träumen und leben, und daß es eine Bedingung gibt, die wir in der menschlichen Komödie teilen, deren Darsteller wir sind, eine Bedingung, die uns in der Vielfalt der Kulturen, Rassen und religiösen Anschauungen gleich macht und uns auch solidarisch und brüderlich machen sollte. Daß es nicht so ist, daß, obwohl wir mit Unseresgleichen so viele Dinge teilen, noch immer rassisch oder religiös bedingte Vorurteile, die Verirrung des Nationalismus, Intoleranz und Terrorismus um sich greifen, ist etwas, was ich sehr viel besser verstehen kann dank dieser Bücher, die mich nicht schlafen ließen und mir den Atem raubten, während ich sie las, denn nichts schärft unser Gespür mehr, nichts macht uns so empfänglich für das Erkennen der Wurzeln der Grausamkeit, der Schlechtigkeit und der Gewalt, die der Mensch entfesseln kann, wie gute Literatur.

Wenn die Literatur imstande ist, diese Aufgabe weiterhin in der Gegenwart zu erfüllen, so wie sie es in der Vergangenheit getan hat – das heißt, wenn sie darauf verzichtet, light zu sein, sich abermals »engagiert«, versucht, den Menschen durch das Wort und die Phantasie die Augen über die sie umgebende Wirklichkeit zu öffnen –, dann, so glaube ich aus zwei Gründen behaupten zu können, wird es weniger schwierig sein, all die Kriege, Massaker, Völkermorde, ethnischen Konflikte, religiösen Auseinandersetzungen, Flüchtlingsströme und terroristischen Aktionen einzudämmen, die wir heute erleben und die sich in Zukunft noch zu vermehren drohen und den Traum von einer friedlichen, in demokratischen Verhältnissen zusammenlebenden Welt, der mit dem Fall der Mauer entstanden war, zerstören.

Dieser Traum hat sich nicht erfüllt. Der Zusammenbruch der kollektivistischen Utopie stellte natürlich einen Schritt in diese Richtung dar, aber er hatte nicht jenen universalen Konsensus über das Leben in der Demokratie zur Folge, den Francis Fukuyama am Horizont auftauchen sah; eher eine Verwicklung und Komplikation der geschichtlichen Wirklichkeit, für deren Verständnis es durchaus nützlich sein könnte, auf die literarischen Labyrinthe zurückzugreifen, die Faulkner entworfen hat, um die Saga von Yoknapatawpha wiederzugeben, oder Hermann Hesse das »Glasperlenspiel«. Denn die Geschichte ist für uns ebenso verwirrend und unfaßbar geworden wie eine phantastische Erzählung von Jorge Luis Borges.

Der erste dieser Gründe ist die dringende Notwendigkeit einer Gewissenskampagne, die von den demokratischen Regierungen entschiedenes Handeln für den Frieden fordert, dort, wo er zerbricht und Katastrophen auszulösen droht, wie in Bosnien, Tschetschenien, Afghanistan, Libanon, Somalia, Ruanda, Liberia und so vielen anderen Orten, an denen man heute foltert, tötet oder die Arsenale für künftige Massaker erneuert. Der Zustand der Lähmung, in dem die Europäische Union einer Tragödie beiwohnte, die sich vor ihrer Tür, auf dem Balkan, abspielte – 200000 Tote und Operationen ethnischer Säuberung, die im übrigen kürzlich durch die dort abgehaltenen Wahlen legitimiert wurden, deren Ergebnisse die am stärksten nationalistisch orientierten Parteien an der Macht bestätigt haben –, ist ein dramatischer Beweis für die Notwendigkeit, das Gewissen aller aufzurütteln, die in Teilnahmslosigkeit, Selbstgefälligkeit oder Gleichgültigkeit versunken sind, und die demokratischen Gesellschaften aus ihrer inneren Stagnation herauszuführen, die für sie eine der unerwarteten Folgen des Zusammenbruchs des Kommunismus gewesen ist. Die furchtbaren Verbrechen, die der nationalistische und rassistische Fanatismus im ehemaligen Jugoslawien begangen hat, diesem Pulverfaß, das gelöscht, aber nicht völlig entschärft ist, und die durch ein zielgerichtetes Vorgehen der westlichen Länder hätten verhindert werden können – beweisen sie nicht die Notwendigkeit einer energischen Initiative im Bereich der Ideen und der öffentlichen Moral, die den Bürger über das in Kenntnis setzt, was auf dem Spiel steht, und ihm ein Gefühl der Verantwortung vermittelt? Die Schriftsteller können zu dieser Aufgabe beitragen, wie sie es oft in der Vergangenheit getan haben, als sie noch glaubten, die Literatur diene nicht nur zur Unterhaltung, sondern auch dazu, zu problematisieren, zu beunruhigen und zum Handeln für eine gute Sache anzustiften. Das Überleben der menschlichen Gattung und der Kultur sind eine gute Sache. Den Menschen die Augen öffnen, sie mit der Empörung über Ungerechtigkeit und Verbrechen und mit der Begeisterung für bestimmte Ideale anstecken, den Beweis antreten, daß selbst unter den schwierigsten Bedingungen Raum für Hoffnung ist, das alles hat die Literatur vermocht, auch wenn sie sich bisweilen in ihren Zielen geirrt und unhaltbare Positionen gehalten hat.

Der zweite Grund hat damit zu tun, daß das geschriebene Wort heute, da viele denken, daß die Bilder und Bildschirme es obsolet machen, Möglichkeiten besitzt, in der Analyse der Probleme tiefer vorzudringen, in der Beschreibung der gesellschaftlichen, politischen und moralischen Wirklichkeit weiter zu gehen als die audiovisuellen Medien, in einem Wort: die Wahrheit zu sagen. Die audiovisuellen Medien sind dazu verurteilt, sich auf der Oberfläche der Dinge zu bewegen, und sie sind ungleich konditionierter als die Bücher, was die Freiheit des Ausdrucks und des künstlerischen Schaffens betrifft. Es ist eine in meinen Augen beklagenswerte, aber unbestreitbare Tatsache: Die Leinwand- und Bildschirmbilder amüsieren mehr, unterhalten besser, aber sie sind immer beschränkt, oft unzulänglich und meistens unfähig, im komplexen Bereich der individuellen und geschichtlichen Erfahrung das zu sagen, was man vor Gericht von den Zeugen fordert: die Wahrheit, die ganze Wahrheit. Und ihre Fähigkeit zur Kritik ist aus ebendiesem Grund sehr gering.

Ich möchte kurz bei diesem Punkt verweilen, der paradox erscheinen mag. Der Fortschritt der Technologie der Kommunikationsmittel hat die Grenzen zum Verschwinden gebracht und das Weltdorf geschaffen, in dem wir alle endlich Zeitgenossen der Aktualität sind, Wesen, die in wechselseitiger Verbindung stehen. Das müssen wir natürlich begrüßen. Die Möglichkeiten der Information – zu wissen, was geschieht, es in Bildern zu erleben, mitten in der Nachricht zu sein – haben sich, dank der audiovisuellen Revolution, sehr viel weiter entwickelt als etwa ein Jules Verne oder ein H. G. Wells mit ihren großen Zukunftsentwürfen ahnen konnten. Und doch leben wir, obwohl umfassend informiert, in größerer Distanz zum Weltgeschehen als früher, tritt uns dieses gleichsam verfremdet entgegen. Nicht in dem Sinne verfremdet, wie Bertolt Brecht das Bühnengeschehen präsentierte: um die Vernunft des Zuschauers zu erziehen und ihm zu einem moralischen und politischen Bewußtsein zu verhelfen, damit er in der Lage sei, das Geschehen auf der Bühne vom Geschehen auf der Straße zu unterscheiden. Nein, die unglaubliche Geschwindigkeit und Wendigkeit, mit der die audiovisuelle Information uns heute auf die Schauplätze des Geschehens aller fünf Kontinente versetzt, hat den Fernsehbenutzer in einen bloßen Zuschauer verwandelt und die Welt in ein riesiges Theater oder, besser gesagt, in einen Film, in eine zweifellos ungeheuer unterhaltsame Reality Show, in der manchmal die Marsmenschen die Erde erobern oder pikante Intimitäten bekannter Persönlichkeiten enthüllt werden und manchmal die Massengräber der in Srebrenica hingerichteten Bosnier oder die Krüppel des Krieges in Afghanistan aufgespürt werden, Bomben auf Bagdad fallen oder die Kinder von Ruanda ihre Skelette und ihre vom Tod gezeichneten Augen vorzeigen. Die audiovisuelle Information, flüchtig, vergänglich, spektakulär, oberflächlich, läßt uns die Geschichte als Fiktion wahrnehmen, indem sie uns durch das Verbergen der Ursachen, Mechanismen, Zusammenhänge und Entwicklungen dieser Ereignisse, die sie uns so lebendig präsentiert, von ihr distanziert, sie »verfremdet«. Diese Form der Darstellung bewirkt, daß wir uns ebenso machtlos fühlen, das zu ändern, was vor unseren Augen auf dem Bildschirm vorbeizieht, wie das Geschehen in einem Film. Sie verurteilt uns zu jenem Zustand passiver Empfänglichkeit, moralischer Atonie und psychologischer Anomie, in den uns die Produkte oder Programme des Massenkonsums versetzen, die kein anderes Ziel haben als zu unterhalten.

Dieser Zustand ist natürlich völlig legitim und hat seine Reize: Wir alle flüchten gern aus der objektiven Wirklichkeit in die Arme der Phantasie; auch dies war von Anfang an eine der Funktionen der Literatur. Wenn aber die Gegenwart unwirklich, die wirkliche Geschichte in Fiktion verwandelt wird, dann wird dem Bürger das Motiv zum Handeln genommen, dann fühlt er sich aus der staatsbürgerlichen Verantwortung entlassen, dann glaubt er, er habe nicht die Möglichkeit, in eine Geschichte einzugreifen, deren Drehbuch bereits irreversibel geschrieben, durchgespielt und verfilmt ist. Auf diesem Weg können wir uns auf eine Welt ohne Bürger zubewegen, eine Welt von Zuschauern, eine Welt, die zwar demokratische Formen besitzt, aber sich in die lethargische Gesellschaft resignierter Männer und Frauen verwandelt haben wird, auf die es die Diktaturen abgesehen haben.

Während die audiovisuelle Information durch die Natur ihrer Sprache und durch die zeitlichen Begrenzungen, denen sie unterliegt, in Fiktion verwandelt wird, wird der Spielraum, über den das künstlerische Schaffen in den audiovisuellen Medien verfügt, von den äußerst hohen Produktionskosten eingeengt. Dies ist kein vorsätzlich geplanter Faktor, aber er ist entscheidend, da er wie ein Zwang auf dem Regisseur lastet, wenn es darum geht, ein Thema auszuwählen und die dazugehörige Erzählweise zu konzipieren. Das Streben nach unmittelbarem Erfolg ist in seinem Fall nicht Gefallsucht, Eitelkeit, Ehrgeiz, sondern ein Erfordernis, ohne das er einen – oder einen weiteren – Film nicht drehen kann. Aber der zähe Konformismus, der bei den typischen audiovisuellen Produkten die Norm zu sein scheint, ist nicht nur auf die Notwendigkeit zurückzuführen, ein großes Publikum zu erobern, indem man auf die niedrigsten Instinkte zielt, um die hohen Kosten wieder einzuspielen; er hat seinen Grund auch darin, daß das Fernsehen und später der

Film in ihrer Eigenschaft als Massenartikel mit unmittelbarer Wirkung in weiten Teilen der Gesellschaft die Medien sind, die am stärksten der Kontrolle durch die politische Macht unterliegen, selbst in den offensten Systemen. Sie werden nicht ausdrücklich zensiert, obwohl auch das zuweilen vorkommt, sondern eher durch Gesetze, Regelungen oder politischen und ökonomischen Druck überwacht, gelenkt und davon abgebracht, besonders konfliktive Themen zu behandeln oder überhaupt ein Thema in konfliktiver Weise zu behandeln. Mit anderen Worten: Sie werden angeleitet, ausschließlich unterhaltsam zu sein.

Dieser Kontext hat für das geschriebene Wort und seinen hauptsächlichen Exponenten, die Literatur, eine privilegierte Situation geschaffen: die Gelegenheit, ich würde fast sagen, die Pflicht – denn sie besitzt sehr wohl die Fähigkeit dazu –, problematisch, »gefährlich« zu sein, wie Diktatoren und Fanatiker es ihr unterstellen, eine Gewissensaufwieglerin, unkonformistisch, beunruhigend, kritisch, hartnäckig darauf bedacht, wie das spanische Sprichwort sagt, »das fünfte Bein der Katze zu suchen«, obwohl sie weiß, daß sie nur vier hat. Es gibt eine Leere zu füllen, und die audiovisuellen Medien sind nicht in der Lage, noch ist es ihnen erlaubt, dies in angemessener Weise zu tun. Diese Arbeit muß geleistet werden, wenn wir nicht wollen, daß das wertvollste Gut, das wir besitzen – wir Minderheiten, die wir es besitzen –, die Kultur der Freiheit, die politische Demokratie, durch die Abdankung ihrer Nutznießer verfällt und untergeht.

Die Freiheit ist ein wertvolles Gut, aber kein Land, kein Mensch kann sich ihrer sicher sein, wenn er nicht in der Lage ist, sie sich zu eigen zu machen, sie auszuüben und sie zu verteidigen. Die Literatur, die dank ihrer atmet und lebt, die ohne sie erstickt, kann begreiflich machen, daß die Freiheit nicht ein Geschenk des Himmels ist, sondern eine Wahl, eine Überzeugung, eine Praxis und eine Reihe von Vorstellungen, die ständig bereichert und erprobt werden müssen. Und sie kann auch begreiflich machen, daß die Demokratie der beste Schutz ist, den man gegen den Krieg erfunden hat, wie Kant postulierte, etwas, was heute noch wahrer ist als zu der Zeit, da der Philosoph es formulierte, denn seit mindestens einem Jahrhundert haben alle Kriege in der Welt zwischen Diktaturen stattgefunden oder sind von autoritären und totalitären Regimen gegen Demokratien entfesselt worden, während es so gut wie nicht vorkommt – Ausnahmen muß man wie die Nadel im Heuhaufen suchen –, daß sich zwei demokratische Länder kriegerisch auseinandersetzen. Die Lektion kann nicht deutlicher sein. Es gibt für die freien Länder keine bessere Möglichkeit, einen befriedeten Planeten zu schaffen, als die Förderung der demokratischen Kultur oder, anders gesagt, als die Bekämpfung der despotischen Regime, deren bloße Existenz schon die Gefahr eines kriegerischen Konflikts in sich birgt, wenn nicht die potentielle Unterstützung und Finanzierung des internationalen Terrorismus. Deshalb schließe ich mich dem Aufruf von Wole Soyinka an, der die Regierungen der entwickelten Welt auffordert, wirtschaftliche und diplomatische Sanktionen gegen die diktatorischen Regierungen zu verhängen, die gegen die Menschenrechte verstoßen, statt diese Regime zu schützen oder den Blick von ihren Verbrechen abzuwenden, mit der Entschuldigung, auf diese Weise die Investitionen und die Expansion ihrer Unternehmen zu sichern. Diese Politik ist unmoralisch und, auf mittlere Sicht gesehen, gar nicht praktizierbar. Denn die Sicherheit, die Regime bieten, die ihre Dissidenten umbringen, wie das von General Abacha in Nigeria oder China, das Tibet versklavt, oder die Militärdiktatur von Birma oder der tropische Gulag Kubas, ist prekär und kann in Anarchie oder Gewalt ausarten, wie es in der Sowjetunion der Fall gewesen ist. Die beste Garantie für den Handel, die Investitionen und die internationale Wirtschaftsordnung ist die Ausweitung legaler und freiheitlicher Verhältnisse auf die ganze Welt. Manche halten Sanktionen für wirkungslos, um die Demokratie voranzubringen. Haben sie denn in Südafrika, in Chile, in Haiti nicht dazu beigetragen, den Zusammenbruch der Diktatur zu beschleunigen?

Daß der Schriftsteller »sich engagiert«, kann nicht bedeuten, daß er auf das Abenteuer der Phantasie oder auf sprachliche Experimente oder auf eine einzige Suche, eine einzige Kühnheit, ein einziges Risiko verzichtet, die der geistigen Arbeit ihren Reiz geben, oder daß er dem Lachen, dem Lächeln oder dem Spiel abschwört, weil er die Pflicht zu unterhalten als unvereinbar mit der gesellschaftlichen Verantwortung betrachtet. Amüsieren, verzaubern, blenden – das haben die großen Gedichte, Dramen, Romane und Essays immer getan. Keine Idee, keine Gestalt und keine Begebenheit der Literatur lebt und dauert fort, wenn sie nicht, wie das Kaninchen aus dem Zylinder des Zauberers, aus Zauberkunststücken hervorgehen, die uns in Bann schlagen. Darum geht es nicht.

Es geht darum, sich der Frage zu stellen, mit der dieses Jahrtausendende uns alle konfrontiert, und von der wir, die wir im kulturellen Bereich tätig sind, uns nicht ausschließen können: Werden wir überleben? Der Fall der symbolischen Berliner Mauer hat diese Frage nicht hinfällig gemacht. Er hat sie neu formuliert und sie um unbekannte Größen erweitert. Vorher stellten wir Mutmaßungen darüber an, ob die große, vom Kalten Krieg geschürte Konfrontation zum Ausbruch kommen und ob die Welt im Holocaust eines einzigen Konfliktes zwischen West und Ost zugrunde gehen würde. Jetzt geht es um die Frage, ob der Tod der Zivilisation langsamer und dezentralisiert vonstatten gehen wird, als Ergebnis einer Folge zahlreicher regionaler und nationaler Kriege, die durch ideologische, religiöse, ethnische Gründe und durch das nackte Machtstreben ausgelöst werden. Die Waffen sind da und werden weiter hergestellt. Ob Atomwaffen oder konventionelle Waffen, es gibt ihrer mehr als genug, um außer diesem kleinen Stern ohne eigenes Licht, der uns zuteil wurde, mehrere Planeten verschwinden zu lassen. Die Technologie der Zerstörung setzt ihren schwindelerregenden Prozeß fort und wird noch dazu immer billiger. Heute verfügt eine Terrororganisation mit wenigen Mitgliedern und beschränkten Mitteln über ein destruktives Arsenal, das mächtiger ist als alles, was so effizienten Spezialisten der Zerstörung wie Attila oder Dschingis Khan einst zu Gebote stand. Dies ist kein Problem der Leinwand oder des Bildschirms. Es ist unser Problem. Und wenn wir alle, einschließlich derer, die wir schreiben, keine Lösung dafür finden, kann es geschehen, daß die Kriegsungeheuer wie in einem unterhaltsamen Film aus ihrem Zelluloid-Gefängnis ausbrechen und das Haus, in dem wir uns sicher fühlten, in die Luft sprengen.

In den Jahren seines Exils in Frankreich, als ganz Europa dem Vormarsch der Nazitruppen zum Opfer fiel, gegen die kein Widerstand etwas zu vermögen schien, beschäftigte sich Walter Benjamin, ein Mann der Feder, der in Berlin geboren war, intensiv mit der Dichtung von Charles Baudelaire. Er schrieb ein Buch über ihn, das er nie beenden sollte, von dem er einige Kapitel hinterließ, die wir heute mit der Faszination lesen, die besonders aufschlußreiche Essays auf uns ausüben. Warum Baudelaire? Warum dieses Thema in dieser düsteren Zeit? Wenn wir Benjamin lesen, entdecken wir, daß Baudelaires Gedichtband »Die Blumen des Bösen« Antworten auf beunruhigende Fragen enthielt, wie sie die Entwicklung einer urbanen Kultur, die Situation des Individuums in einer vom Wachstum der Industrie entpersonalisierten Massengesellschaft, die Richtung, die in dieser neuen Gesellschaft die Literatur, die Kunst, die Träume und Wünsche des Menschen nehmen würden, für das Leben des Geistes und des Intellekts aufwarfen. Das Bild Walter Benjamins, wie er sich über Baudelaire neigt, während sich um seine Person der Belagerungsring zusammenzog, der ihn am Ende vernichten sollte, ist so bewegend wie das des Philosophen Karl Popper, der in den gleichen Jahren in seinem Exil am anderen Ende der Welt, in Neuseeland, Altgriechisch zu lernen und Platon zu studieren begann, als – dies sind seine Worte – seinen persönlichen Beitrag zum

Kampf gegen den Totalitarismus. Daraus sollte jenes kapitale Buch entstehen: »Die offene Gesellschaft und ihre Feinde«.

Benjamin und Popper, der Marxist und der Liberale, heterodox und originell innerhalb der großen Denkströmungen, die sie erneuerten und denen sie Impulse gaben, sind zwei Beispiele dafür, wie man durch Schreiben widrigen Umständen trotzen, wie man handeln, wie man die Geschichte beeinflussen kann. Ich erwähne diese beiden Prototypen des engagierten Schriftstellers am Schluß meiner Rede als Beispiele dafür, daß die Dinosaurier, mag die Luft auch noch so dünn werden und das Leben ihnen ungünstig gesinnt sein, sich zu helfen wissen und es fertigbringen, in schwierigen Zeiten zu überleben und nützlich zu sein.

Aus dem Spanischen von Elke Wehr

Bibliographie

Die Werke des Friedenspreisträgers

Deutschsprachige lieferbare Werke in Auswahl

DIE ANFÜHRER (»Los jefes«. 1959). Erzählungen. Aus dem Spanischen von Elke Wehr. Suhrkamp Verlag, Frankfurt am Main 1993. 127 Seiten. Gebunden.
(ISBN 3-518-40544-6)

– dasselbe, (st 2448). Suhrkamp Verlag, Frankfurt am Main 1995. 127 Seiten. (ISBN 3-518-38948-3)

DIE STADT UND DIE HUNDE (»La ciudad y los perros«. 1962). Roman. Aus dem Spanischen von Wolfgang A. Luchting. (st 622). Suhrkamp Verlag, Frankfurt am Main 1980. 425 Seiten. (ISBN 3-518-37122-3)

DAS GRÜNE HAUS (»La Casa Verde«. 1966). Roman. Aus dem Spanischen von Wolfgang A. Luchting. Suhrkamp Verlag, Frankfurt am Main 1992. 480 Seiten. Gebunden.
(ISBN 3-518-40449-0)

– dasselbe, (st 342). Suhrkamp Verlag, Frankfurt am Main 1976. 448 Seiten. (ISBN 3-518-36842-7)

Die jungen Hunde (»Los cachorros«. 1967). Erzählung. Nachwort von José M. Oviedo. Aus dem Spanischen von Wolfgang A. Luchting. (st 1841). Suhrkamp Verlag, Frankfurt am Main 1991. 94 Seiten. (ISBN 3-518-38341-8)

Literatur ist Feuer. Rede bei der Entgegennahme des Rómulo-Gallegos-Preises in Caracas am 11. 8. 1967. Mit Beitr. v. Fritz Rudolf Fries. Aus dem Spanischen von Elke Wehr. (Reden 14). Europäische Verlagsanstalt, Hamburg 1994. 45 Seiten. (ISBN 3-434-50114-2)

Gespräch in der Kathedrale (»Conversación en La Catedral«. 1969). Roman. Aus dem Spanischen von Wolfgang A. Luchting. (st 1015). Suhrkamp Verlag, Frankfurt am Main 1984. 630 Seiten. (ISBN 3-518-37515-6)

Geheime Geschichte eines Romans (»Historia secreta de una novela«. 1971). Essay. Aus dem Spanischen von Elke Wehr. Suhrkamp Verlag, Frankfurt am Main 1992. 82 Seiten. Kartoniert. (ISBN 3-518-40450-4)

Der Hauptmann und sein Frauenbataillon (»Pantaleón y las visitadoras«. 1973). Roman. Aus dem Spanischen von Heidrun Adler. (st 959). Suhrkamp Verlag, Frankfurt am Main 1984. 284 Seiten. (ISBN 3-518-37459-1)

Flaubert und »Madame Bovary«. Die ewige Orgie (»La orgia perpetua: Flaubert y Madame Bovary«. 1975). Essay. Aus dem Spanischen von Maralde Meyer-Minnemann. Suhrkamp Verlag, Frankfurt am Main 1996. 250 Seiten. Gebunden. (ISBN 3-518-40841-0)

TANTE JULIA UND DER KUNSTSCHREIBER (»La tía Julia y el escribidor«. 1977). Roman. Aus dem Spanischen von Heidrun Adler. (st 1520). Suhrkamp Verlag, Frankfurt am Main 1988. 392 Seiten. (ISBN 3-518-38020-6)

DER KRIEG AM ENDE DER WELT (»La guerra del fin del mundo«. 1981). Roman. Aus dem Spanischen von Anneliese Botond. Suhrkamp Verlag, Frankfurt am Main 1982. 725 Seiten. Gebunden. (ISBN 3-518-03545-2)

– dasselbe, (st 1343). Suhrkamp Verlag, Frankfurt am Main 1987. 725 Seiten. (ISBN 3-518-37843-0)

GEGEN WIND UND WETTER. Literatur und Politik (Auswahl aus »Contra viento y marea, I«, 1962–1972, und »Contra viento y marea, II«, 1972–1983). Essays. Aus dem Spanischen von Elke Wehr. Edition Suhrkamp 1513, Suhrkamp Verlag, Frankfurt am Main 1988. 284 Seiten. (ISBN 3-518-11513-8)

MAYTAS GESCHICHTE (»Historia de Mayta«. 1984). Aus dem Spanischen von Elke Wehr. Suhrkamp Verlag, Frankfurt am Main 1986. 374 Seiten. Gebunden. (ISBN 3-518-03095-7)

– dasselbe, (st 1605). Suhrkamp Verlag, Frankfurt am Main 1989. 374 Seiten. (ISBN 3-518-38105-9)

WER HAT PALOMINO MOLERO UMGEBRACHT? (»¿Quién mató a Palomino Molero?« 1986). Roman. Aus dem Spanischen von Elke Wehr. Suhrkamp Verlag, Frankfurt am Main 1988. 202 Seiten. (ISBN 3-518-40140-8)

– dasselbe, (st 1786). Suhrkamp Verlag, Frankfurt am Main 1990. 202 Seiten. (ISBN 3-518-38286-1)

LA CHUNGA. Ein Stück (»La chunga«. 1986). Theaterstück.

Aus dem Spanischen von Dagmar Ploetz. Edition Suhrkamp. Suhrkamp Verlag, Frankfurt am Main 1989. 88 Seiten. (ISBN 3-518-11555-3)

DER GESCHICHTENERZÄHLER (»El hablador«. 1987). Roman. Aus dem Spanischen von Elke Wehr. Suhrkamp Verlag, Frankfurt am Main 1990. 240 Seiten. Gebunden. (ISBN 3-518-40311-7)

– dasselbe, (st 1982). Suhrkamp Verlag, Frankfurt am Main 1992. 287 Seiten. (ISBN 3-518-38482-1)

DIE WAHRHEIT DER LÜGEN (»La verdad de las mentiras«. 1990). Essays zur Literatur. Aus dem Spanischen von Elke Wehr. (st 2283). Suhrkamp Verlag, Frankfurt am Main 1994. 211 Seiten. (ISBN 3-518-38783-9)

LOB DER STIEFMUTTER (»Elogio de la madastra«. 1988). Roman. Aus dem Spanischen von Elke Wehr. (Bibl. Suhrkamp 1086). Suhrkamp Verlag, Frankfurt am Main 1991. 200 Seiten. Gebunden. (ISBN 3-518-22086-1)

– dasselbe, Suhrkamp Verlag, Frankfurt am Main 1989. 196 Seiten. Leinen. (ISBN 3-518-40205-6)

– dasselbe, (st 2200). Suhrkamp Verlag, Frankfurt am Main 1993. 196 Seiten. (ISBN 3-518-38700-6)

DER FISCH IM WASSER. Erinnerungen (»El pez en el agua«. 1993). Autobiografie. Aus dem Spanischen von Elke Wehr. Suhrkamp Verlag, Frankfurt am Main 1995. 676 Seiten. Gebunden. (ISBN 3-518-40733-3)

– dasselbe, Sonderausgabe, Suhrkamp Verlag, Frankfurt am Main 1996. 676 Seiten. Gebunden. (ISBN 3-518-40842-9)

Demokratie heute. Jan Patočka. Gedächtnisvorlesung. Aus dem Spanischen von Elke Wehr. (Passagen. Heft 8) Passagen, Wien 1993. 32 Seiten. (ISBN 3-85165-072-7)

Tod in den Anden (»Lituma en los Andes«. 1993). Roman. Aus dem Spanischen von Elke Wehr. Suhrkamp Verlag, Frankfurt am Main 1996. 384 Seiten. Leinen. (ISBN 3-518-40775-9)

Scheerer, Thomas M., »Mario Vargas Llosa. Leben und Werk. Eine Einführung«. (st 1789). Suhrkamp Verlag, Frankfurt am Main 1991. 221 Seiten. (ISBN 3-518-38289-6)

Biographie

Stationen des Lebens

MARIO VARGAS LLOSA

1936	am 28. März in Arequipa/Peru geboren. Seine Kindheit verbrachte er in Bolivien und in Piura/Nordperu.
1953–1957	Jura- und Literaturstudium an der Universität San Marcos, Lima
1958	Promotionsstipendium in Madrid Dissertation in Madrid über García Márquez
1958–1974	lebte Vargas Llosa fast ständig in Europa: Er arbeitete als Journalist für peruanische Zeitungen und für »Radio Panamericana«, Lima. In Paris war er Englischlehrer, Übersetzer für die Agentur »Agence France-Presse« und Redakteur bei »Radiodiffusion Télévision Française«.
1967–1974	Lehrstuhl für lateinamerikanische Literatur am Queen Mary College der London University
1976–1979	war Vargas Llosa Präsident des Internationalen P.E.N.

1988	gründete er mit mehreren Freunden die peruanische Freiheitsbewegung »Movimiento Libertad«.
Juli 1989	Präsidentschaftskandidatur für Liberale und Konservative in der Demokratischen Front (FREDEMO). Als leidenschaftlicher Verfechter der westlichen Demokratien setzte er sich konsequent für Liberalisierung ein.
1990	verlor Vargas Llosa im Wahlkampf die Stichwahl gegen den heute amtierenden Präsidenten von Peru.

Mario Vargas Llosa lebt in London und ist als Schriftsteller und Journalist tätig.

Auszeichnungen
Prix Leopoldo Alas (1958)
Premio Biblioteca Breve (1962)
Spanischer Kritikerpreis (1963)
Rómulo-Gallegos-Preis (1967)
Ritz-Paris-Hemingway Award (1985)
Spanischer Literaturpreis »Prinz von Asturien« (1986)
Prix de la Liberté (1988)
Italienischer Literaturpreis »Scanno« (1989)
Cervantes Preis (1994)
Jerusalem-Preis (1995)

STIFTUNGSRAT DER STIFTUNG FRIEDENSPREIS
Frühjahr 1996

DIE FRIEDENSPREISTRÄGER DES DEUTSCHEN BUCHHANDELS

1950 Max Tau
1951 Albert Schweitzer
1952 Romano Guardini
1953 Martin Buber
1954 Carl J. Burckhardt
1955 Hermann Hesse
1956 Reinhold Schneider
1957 Thornton Wilder
1958 Karl Jaspers
1959 Theodor Heuss
1960 Victor Gollancz
1961 Sarvepalli Radhakrishnan
1962 Paul Tillich
1963 Carl Friedrich von Weizsäcker
1964 Gabriel Marcel
1965 Nelly Sachs
1966 Augustin Bea und Willem A. Visser 't Hooft
1967 Ernst Bloch
1968 Léopold Sédar Senghor
1969 Alexander Mitscherlich
1970 Alva und Gunnar Myrdal
1971 Marion Gräfin Dönhoff
1972 Janusz Korczak
1973 The Club of Rome
1974 Frère Roger
1975 Alfred Grosser
1976 Max Frisch
1977 Leszek Kolakowski
1978 Astrid Lindgren
1979 Yehudi Menuhin
1980 Ernesto Cardenal
1981 Lew Kopelew
1982 George F. Kennan
1983 Manès Sperber
1984 Octavio Paz
1985 Teddy Kollek
1986 Wladyslaw Bartoszewski
1987 Hans Jonas
1988 Siegfried Lenz
1989 Václav Havel
1990 Karl Dedecius
1991 György Konrád
1992 Amos Oz
1993 Friedrich Schorlemmer
1994 Jorge Semprún
1995 Annemarie Schimmel
1996 Mario Vargas Llosa

INHALT